障害のある人の親がものを言うということ

医療と福祉・コロナ禍・親亡き後

Kodama Mami

児玉真美

はじめに

1

この本の種は、二〇二三年の秋に舞い込んだ、ある親の会からの講演依頼によって撒かれました。それには前段階があります。その秋、私はかねて親交のある学者の講義にお邪魔しました。学外からも参加者のある、半公開の講義でした。

そこで出た話題の一つが「『親亡き後』への思いは、親にとってどうしてこんなにも語りにくいのだろう」という問題でした。私たち障害のある子をもつ親が「親亡き後」について語ろうとする時、多層的に絡まり合った微妙で複雑な思いには「言うに言えない」類のものがあまりに多く、私たちはつい、その一切合切をまとめて風呂敷でひっくくるみたいに「置いて死ねない」「連れていきたい」と口にしてしまいます。すると、「何を言っているんだ、子どもは親の所有物じゃない」「子離れしろ」と非難されるのが常です。私はそんな反応を見たり読んだりするたび、「自分には計り知ることのできない他者の人生」へのリスペクトはないのか、「自分には分かりきれないものがあるのでは」という留保はないのか、といつも不満を抱えます。

そんなに簡単に分かったつもりにならないでほしい。風呂敷の外ヅラだけで分かったつもりになるのではなく、その中には語り得ないまま、ごっちゃにされている多くの思いがあることに気づいてほしい。それらの思いにこそ目を向け耳を傾けてくれる人がいるなら、親たちもおずおずと躊躇いながらでも本当の思いや願いを少しずつ言葉にしていけるのではないでしょうか……。そんなことをお話ししました。

問題の講演依頼のメールは帰ってきてすぐ、その講義に学外から参加した知人の一人から届きました。障害のある人の親であり福祉現場の専門職でもあり、親たちの運動にも積極的に参画してきた人です。大学の講義室で顔を合わせた時にも、親の集まりで講演会&交流会を企画したいと考えているが、いいか、という打診はありました。が、具体的な企画として改めてメールで依頼されたテーマは、私には予想外のものでした。

さまざまな場面で伝えることの難しさを、児玉さんはどのように考え、伝えていらっしゃるのか。それを話してほしい。

これまでもらったことのない初めてのリクエストでした。

ここ数年、障害のある子をもつ親たちの体験と思いを可視化したいという趣旨で本を続けて出したことや、「ケアラー支援」という言葉が世に知られてきたこともあって、親の会にお招きいただくと講演テーマはだいたいそのあたりとなります。親は単なる療育機能や介護役割ではなく、固有の人生を生きてきた「親でもある一人の人」であり、「支援を必要とするケアラー」として捉えられるべきだという話をさせてもらっています。大学で打診された時にもそういう想定をしていたので、このリクエストには意表を突かれました。が、あの日から繋がって見えてくるものもあります。確かに、あの講義で私が語ったことは「親の思いの伝えにくさ」だったなぁ……と振り返りながらメールを読み進んでいくと、背景にある問題意識がズバリ書かれたくだりがありました。

私たちはいつまでたっても「感謝しています。いつもありがとうございます」という立場からしかものが言えません。対等にものをいうことはできないのでしょうか。

まるでここだけがゴチックで書かれているように、くっきりと目に飛び込んできて、思わず唸りました。話してほしいと求められているのは、専門職との間で私たち親が感じている「伝えにくさ」なのでした。しかも、その所以が「対等にものを言えない」関係にあることを看破したうえで、その「対等ではない」関係の中で、あなたはその難しさをどのように考え、伝えているのかを話してほしいと求められている――。また唸りました。何度も唸るのは、私自身がこの一年ほど、まさに同じ問いを抱えて煩悶していたからです。

二〇二二年に『コロナ禍で障害のある子をもつ親たちが体験していること』(生活書院)という本を出しました。コロナ禍が長引くにつれ、メディアも世の中も障害のある人たちに無関心になっていくことに危機感が募り、企画したものでした。どんなにささやかであっても今ここで声をあげなければ、私たちは置き去りにされてゆくのではないか……。その懸念から、これまで繋がりのできた人たちに声をかけ、最終的に多様な障害像と年齢の子どもをもつ七人の母親による共著となりました。それぞれが、コロナ禍での当人たちと家族の苦境を「さなか」だからこその生々しさで率直に書いています。

たまにネット上に単発の記事が出ることはあっても、親たちの視点から障害のある人と家族のコロナ禍体験を取りまとめた書籍は今のところ他には見当たらないので、貴重な「証言集」になったと編者としては自負しています。同じ立場の親からは歓迎され、そのおかげもあって刊行からわずか一カ月で重版が決まる幸福な本となりました。が、一方で、専門職からの受け止めは「冷淡なスルー」から「激烈な反発」の間でさまざまでした。

当時、感染対策や実際に感染者が出た場合の対応など多大な負担を強いられ続けていた専門職にとって、親たちの赤裸々な文章を受け止めかねる人があることは容易に想像できました。たとえば、刊行直後に読書メーターに投稿された以下のレビューには、その戸惑いが遠慮がちに表現されています。

……結構読むのがしんどかった。コロナ禍で障害者ご本人と家族が体験されていることは想像できてはいたが、vs政府・行政、vs世間に加え、vs事業者へのご意見が……厳しかった。……（中略）……自省する半面《ママ》、我が子のために声をあげる親御さんたちの強さに正直事業者としては対応がきついとどうしても思ってしまう。

このレビューでは遠慮がちに表現されている抵抗感が、さらに感情的な反発や怒りとなる人も少なくないようでした。刊行後、学会や研修会など専門職の集まりで講演する際にこの本の内容を盛り込むと、時に激しい反応が飛んでくることがありました。さまざまな場面があり、さまざまな言葉で表現されていましたが、そのエッセンスを私が受け止めた感触通りに翻訳してみれば、「親が何を勝手なことを言ってんだ？」「こっちがどれだけ大変な思いをしてるか、分かってんのか？」という反発だったように思います。

もちろん心情的には分かります。オミクロン株の感染拡大により医療と福祉の現場が逼迫を極める只中での刊行となり、私にも正直「あっちゃぁ、こんなタイミングで出てしまったかぁ……」という思いはありました。医療や福祉の専門職を対象にした講演先で、コロナ禍での親たちの過酷な体験を紹介したり面会制限について問題提起したりすることに、気おくれがなかったと言えばウソになります。それでも私としては、知ってもらうためには語るしかない、場が与えられる限り、親として語るべきと思うことをきちんと語ろう、と考えました。何度かネガティブな感情をぶつけられる体験をした後は、敢えてそれを自分のスタンスとして明確に意識することによって背筋を伸ばし、気おくれを乗り越える方策としました。

「分かってんのか?」というトーンに対しては、「分かっていません」と答えるしかありません。だから、そちらもご自身の体験をできる限り語ってほしい、広く伝えてほしい、と思います。ただ、それが私たち親の語りへの反発を表現するために、あるいは親たちの語りを封じたい衝動から、私たちをターゲットに繰り出されてくるのは「筋が違う」と思うのです。専門職が苦しい状況で働いていることと、親たちがさまざまな苦しさの中に置かれていることは、どちらも、それ以外のあらゆる立場での体験と思いと同様に、きちんと語られ、広く知られるべきことでしょう。

私たちの共著には、「対立的になっている」「もっと『ともに』という姿勢で」という批判もありました。それに対しては、「それはあなたの対立関係の描き方が間違っている」と返すしかないと私は考えています。そうでなければ、それらの批判は私たち親には「口を閉じろ」という圧になってしまうからです。

旧版の刊行から一年後、『増補新版　コロナ禍で障害のある子をもつ親たちが体験していること』の「あとがき」で、私は以下のように書きました。

増補版を編むにあたって私が最も意識したのは、初版に対して専門職から「コロナ禍で自分たちはこんなに大変な思いをしているのに」といった反発や、「対立的すぎる」という批判があったことに、編者としてどういうレスポンスを返すかという点でした。……今なお私には、親たちが自分の体験と思いを語ることが、なぜ専門職の大変さや頑張りを否定することになるのか、なぜ「対立的になっている」と受け止められるのかが理解できません。

一方、このように立場の違う者の間に無用な分断と溝が生まれがちなコロナ禍だからこそ、「ともに手を結んで」と締めくくる心地よさへ向かおうとする言説にも頻繁に出会いました。それにも、私は敢えて抗いたい気分を誘われました。そのことについても初版刊行後ずっと考えてきました。

もちろん、家族と医療・福祉の専門職はともに闘うべき場面や相手を多々共有しています。が、立場が違えば、そこには緊張関係が厳然とあります。「ともに」と締めくくって終わる心地よさには、その緊張関係に目をつぶり、結果として立場の弱い側の声を封じるリスクがありはしないでしょうか。……

一年ぐるぐる考え続けてなんとか見出した一定のレスポンスがこのくだりでした。そして、ようやく自分なりに書けたと一息ついたところで、親の会からの講演依頼メールに「私たち親は対等にものを言うことはできないのか」「さまざまな場面で伝えることの難しさを、コダマはどのように考え、伝えているのか」と問いかけられたのです。唸りました。

これだけじゃないはずだろう、と痛いところを突かれた気がしました。こんなお行儀のよいまとめ方で表面をなぞって終わるのか、もっと「本当のところ」があるんじゃないのか、そこにこそもっと語るべきことがあるんじゃないのか、とツッコミを入れられた気がしました。そのツッコミは、もちろん私自身の内面からの声です。

同じ立場の親の集まりなら、その「本当のところ」を思い切って、ありのままに語ってみることができるかもしれない……。その親の会からの誘いに大いにそそられました。「お受けします」と返事を書き、演題の候補を二つ添えて、どちらかお好きな方で、とお願いしました。

そして数日後、メール添付で届いたチラシの演題を見て、仰天。思いもよらないことに、二つが並べられていたのです。「親がものを言うということ・思いを伝えるという難行」。文字列が醸し出す迫力に、つい吹き出してしまいました。そして一人で大笑いしながら、これ、ぜんぜん悪くないじゃん、と思いました。だって、障害のある子をもつ親になって以来ずっとこれをやってきたじゃん？　ものを書くようになってからも、私が書いてきたことって、ずっとこれだったじゃん？

いろんなことが小気味よく腑に落ちて、そうだ、講演会&交流会から帰ったら、このテーマで本を書こう、と決めたのでした。

2　重心学会（二〇一四）

旧版『コロナ禍で……』に対して専門職から出た「対立的だ」「もっと『ともに』という姿勢でものを言うべきだ」という批判を私が聞き流せなかったのには、訳がありました。まったく同じことを、この本よりもずっと前から私自身が言われ続けてきたからです。

もちろん、中には「批判」ではなく、親身なアドバイスとして言ってくださる人もありました。とりわけA医師は、私が言わんとしていることを深く受け止めて、他の専門職にも伝わってほしいとの願いから「もう少し対立的に響かない表現を工夫しなさい」「専門職と親とは『ともに』障害のある子を支える者同士なんだから」と、よく諭してくださいました。その言葉は温かい励ましでもあり、表現を練ることの必要を私に気づかせてくれました。表現者として未熟だった時期に育ててもらい、今でも感謝しています。それでも「『ともに同じ方向を目指す者同士』という姿勢で」と諭されると、おなかの中で「でも、せんせぇ、その『ともに』というところに立ったとたんに、親は本当の思いを言えなくなるんですよぉぉ……」と、泣きそうな気分で呟いたものでした。

そのA先生との忘れられない思い出があります。二〇一四年の日本重症心身障害学会のシンポジウム「利用者の権利・最善の利益と治療方針決定～重症心身障害医療における家族・医療現場の思いとディレンマ～」にA先生と一緒に登壇した際のできごとです。私には専門職が集まる学会で親の立場から発言する初めての体験。しかも会場は大ホール。それまでで最も緊張を強いられた場の一つでした。

私はその時の発表で、たとえば医師から胃ろう造設を提案された時に親がすぐに決断できないのはなぜか、その背景にある気持ちを説明しようと試みました。「今この時「点」で何が医学的に正しい判断か」と考える医療職には「無知な親が抵抗する」「頑なな親だ」と見えるかもしれないけれど、我が子との人生の時間という「線」で考える親は「これまでも障害のためにあれもこれも奪われてきたのに、ついに口から食べる楽しみまで奪われるのか」と引き裂かれて、立ち尽くしてしまうのです。まずは「正しいか」と疑う「判定」の眼差しではなく、親が我が子との人生にあった様々な痛みを語る言葉に耳を傾ける「共感」の姿勢をもってもらえないでしょうか。それが本当の意味での共同意思決定のスタートになると思うのです、とお願いしました。

質疑の時間に真っ先にマイクの前に立った医師の口から出たのは、「医者の名誉のために言うておくが」という、ドスの利いた前置きでした。「『今』という点でしか治療方針を考えない医者など、どこにも、いない。医者はみな、これまでの経過を踏まえて判断をしている！」。怒気もあらわに吠えるなり憤然とマイクの前を立ち去られたので、私は無言の会釈で見送ることしかできませんでした。

次の医師もマイクの前に立つと、「あなたは勘違いをしている。これは、終末期にいかに過剰な医療を控えて穏やかに看取るかという議論である」。そこで、ちょっと言葉を探す間があった後で、「もっと勉強してからものを言ったらどうか」。それを捨て台詞に、マイクの前を離れていかれました。

私はまたも無言の会釈で見送りながら、こちらの医師には内心「妙なことを言われるなぁ」と首をかしげました。シンポの議論に出てきたのはすべて「医師が積極的な治療を提案しているのに、家族が抵抗する」という事例、「治療を控えて穏やかに看取る」のとは真逆の「ディレンマ」ばかりだったからです。私にすれば「勘違いしておられるのは先生の方では?」と言いたいところでした。シンポのタイトルだって「最善の利益と治療方針決定」。深読みをすれば、敢えて「終末期」に限定せず中立性を意識したテーマ設定と事例の選択だったのかもしれません。それでもその医師は、「終末期」に「いかに医療を控えて看取るか」、つまり重症児者の「尊厳死」の議論だと言うのです。「最善の利益と治療方針決定」の問題を「尊厳死」へと回収していこうとする力動が重症児者医療の世界にも及んでいるのではないか、とかねて抱いていた懸念がはからずも裏付けられたようで、私には別の意味で衝撃的な場面でもありました。

シンポジウムが終わってから、これから一緒にやることになっている仕事の相談のため、ロビーでA先生と合流しました。まず学会でのあれこれについて感想を語り合いましたが、私の方は何を話していても先ほどの出来事の衝撃で気もそぞろ。話が途切れた時につい「ちゃんと伝わる表現というのは、やっぱり難しいですね……」と、ため息をついてしまいました。これまでの先生からのアドバイスを思うと、顔は見られませんでした。ややあって聞こえてきたのは、静かな口調ながら強い憤りが滲んだ言葉でした。

「ちゃんと聞いていれば、何のために言っているのかくらいは分かります」

その抑制された憤りがどこに向けられたものかを理解するのに、数秒かかりました。理解し、絶句して顔をあげると、今度ははっきりと私に向けて言われました。

「あなたは、思うことを自由に言えばいい。時に少しくらい激しい口調になったとしても、それは、それだけのことを経験してきたのだから」

私はあの時、先生になんと返したのだったか。思い出すことができません。胸がいっぱいになり、何も言えなかったような気がします。

これまで「ともに」と諭されるたびに、「でも、せんせぇ……」「でも、せんせぇ……」と口に出せないまま心の中でつぶやいてきた思いのすべてが、こうして丸ごと届く日があるなど、思ってもみないことでした。それが立場の違う人間同士の間にある、どうしても越えがたい溝というものなのだと考えていました。だから「でも、せんせぇ」の後を言えずに、いつも飲みこんできたのです。それなのに……。なんと大きな人なのだろうと胸にこたえて、ただ頭を下げるしかなかったような気がします。

親たちがコロナ禍で体験したことを書いた本に思いのほか激しい反発を受けた時にも、親の会から講演依頼をもらった時にも、頭に浮かんだのはこの「学会で医師にドヤされた」記憶でした。実は私は重心学会の翌年にも、生命倫理学会のシンポジウムで著名な医師からもっと直截な怒声を浴びました。

「聞き捨てならん。誠実に臨床をやってきた医師に対して、そのものの言い方はなんだ」。

会場から「高齢者への医療が医療費を圧迫していることをどう考えるか」と質問があり、「患者と家族の立場としては、臨床現場の医療職には医療経済学者ではなく、あくまでも医療職であってほしい」と答えた直後のことでした。その時のことも思い返されました。

医者の名誉のために言うておく。

医師に対して、そのものの言い方はなんだ。

気に入らなかったのは本当に「ものの言い方」だったのでしょうか。あれほどの不興を招いたのは、「そこで何が言われたか」でも「それがどのように言われたか」ですらなく、本当は「だれが言ったか」、つまり「親の分際で、立場をわきまえないモノを申したこと」それ自体ではなかったでしょうか。

三人のうちの二人は著書のある高名な小児科医で、著書では治療の差し控えと中止に際しては親と丁寧に率直な話し合いをすることの必要が強調されています。しかし議論の場であるはずの学会においてすらこのような受け止めになるのであれば、臨床での「丁寧な話し合い」で親たちがものを言うことを許される範囲も、結局のところ専門職が許容できる「率直さ」の範囲でしかないのではないか――。私には、そんなことを考えさせられる体験でした。

講演依頼に書いてあった「私たちは『いつもありがとうございます』という立場からしかものを言えない」というのは、まさにそういうことなのではないか、と思いました。私たち親は、日ごろの「丁寧な話し合い」というタテマエや「ともに」と手をつなぎあう仕草の一方で、いざ専門職の許容範囲を超えてものを言おうとするや、こうして「世話になっている側のくせに」「素人の分際で」と手のひらを返されて、口を閉じるしかなくされてきたのではなかったか――。

そうして依頼者の思いと私の個人的な「ドヤされ」体験が重なり合うにつれ、改めてくっきりとした意味を持って振り返られてきたのが、ロビーでのA先生とのやり取りでした。ものを言おうとすると多くの専門職から「ものの言い方が悪い」「もっと『ともに』という姿勢で」と――つまり「伝わらないのは、あなたの伝え方が悪いからだ」と――返され続けてきました。でも、A先生の見方はあの日「伝わらないのは、聞き方が悪いからだ」へと反転しました。「ものの言い方が悪い」としても「それは、それだけの体験をしてきた」からだという理解も、先生の想像力が「言われる専門職の側」から「ものを言って弾き返される親の側」へと転じた先にあったものでしょう。あの日のことが私にとって忘れがたいのは、それが「ものを言おうとして傷を受けた体験」に終わらずに、思いが届いた体験へと反転した、奇跡のようなできごとだったからなのでした。

そのことに思い至った時、親の会の講演ではこのエピソードを話そう、と決めました。そして同時に、ちょっと痛快なことに気づきました。あの重心学会は、考えてみれば十年近くも前のことです。その間、私は「ものの言い方が悪い」と同じ批判を浴び続けながら、でも口は閉じてこなかったんでは……。思わずニンマリしてしまいました。

もちろん、反発の矢はあちこちから飛んできました。そのたびに痛い思いをするし、傷も受けますが、それでも一〇人から矢を浴びているうちには一人くらい「まぁ、聞いてみてやろうか」という姿勢の人に出会うことができました。聞いてくれる人一〇人にものを言い続けてみたら、その中の一人か二人は「分かってくれる人」に変わりました。その繰り返しで一〇年近く経つうちには、いつのまにか何人もの「しっかり受け止めてくれる人」たちと出会ってきたし、個人的に繋がることもできました。

そういえば、母親たちがコロナ禍での体験を書いた件の共著本を読んで「あなたも難しい立場なのに、よく言い続けるね」と誉めてくれたのは、重症児者医療に尽力してこられた小児科医でした。その人に限っては、その言葉は皮肉ではありません。皮肉ではないと自信を持って受け止められることに、その医師との長年の関わりが改めて振り返られて、二重にありがたい言葉でした。

立場や意見が違っても、ちゃんと対話ができる専門職と語り合う場も、いつのまにか増えてきました。なるほど専門職の側から見ればそうか、こういうことなのか、と目を開かせてもらうことも少なくありません。立場が違う者同士だからこそ、そしてそこに「対等でない関係」が潜んでいるからこそ、相手について自分は知らないことを互いに自覚し、フラットに語り合う場が必要なのだと、そういう場を体験するたびに思い知らされます。これは、親と専門職の間だけではなく、専門職の中で職種の違う人の間でも言えることだろうと思います。

ものの言い方は、相変わらず上手ではありません。自覚があるだけに、仕事での表現はいつもギリギリまで一字一句を練らずにいられません。でもその後は、「耳に痛いのもイラっとさせるのも申し訳ないけど、ちょっとだけズケズケ言わせてもらおう」と決め込む厚かましさを、身に着けてきたかもしれません。矢の何本かが飛んできたとしても、その向こうにはちゃんと受け止めてくれる人たちだっているはずだと、今の私は信じたうえで、その人たちに届けと念じながら口を開き、ものを書いているように思います。

それなら、私の「厚かましさ」とは「信頼」であるはずではないでしょうか。

「さまざまな場面で伝えることの難しさを、児玉さんはどのように考え、伝えているのか。それを話してほしい」と言われて振り返れば、娘の海が生まれてから専門職との間にあったさまざまな場面やできごとが頭に次々によみがえります。伝わらなさに歯ぎしりする場面も数々あったし、それでも伝え続けたら専門職の中にこそ最大の理解者を得られたこともありました。それらの記憶をさかのぼってみれば、私の「信頼」の「原点」のような体験が、海が生まれてからの年月のあちこちに散らばっていること、それらの体験によって自分が育てられてきたことに、改めて気づかされます。

目次

障害のある人の親がものを言うということ
医療と福祉・コロナ禍・親亡き後

第3部 親の立場からものを言う

第4部　コロナ禍で問う　問い続ける

終章

第1部 身の回りでものを言う

1　勇気

娘の海は三七年前、出産途上のアクシデントによって重い仮死で生まれました。町の産院での分娩中に私が意識を失って救急車で総合病院に運ばれ、それからもいろいろあった何時間も後に、上からは押され、下からは引きずり出された娘に産声はありませんでした。すぐに人工呼吸器をつけられてＮＩＣＵ（Neonatal Intensive Care Unit＝新生児集中治療室）の保育器に入りました。

ＮＩＣＵは産婦人科病棟の入り口にあり、廊下側はブラインドの下がった大きな窓になっていました。出産の翌日に一度だけ、夫婦でブラインドを上げた窓越しに保育器の中の娘と「面会」させてもらったことがありました。苦しそうな赤黒い顔で、人工呼吸器に強いられて胸板がばっこんばっこんと上下する機械的な動きが異様だったのを覚えています。

その姿が目に焼きついて離れず、入院中の私の足は時刻を問わず一日に何度もそんな娘のいる方に向かいました。夫婦が揃っていないのに「面会」をお願いするのははばかられて、NICU受付の小さな小窓から中を覗いてみたり、立ち去り難いまま意味もなくあたりをうろついたりして、また病室に戻ります。が、ベッドに戻っても意識はNICUに残っていて、それに引っ張られるようにまた起き上がり、廊下をそちらに向かってしまうのです。出産途上で意識を失った影響なのか、長時間にわたった分娩の疲労なのか、生まれるなり我が子が死にかけている事態を受け容れかねた心の反応だったのか、産後はずっと頭がぼうっとしていました。きちんと思考するということができないまま、ベッドとNICUの間を幽霊のように行ったり来たりしていたような気がします。

産後四日目の夜明け前にも、とぎれとぎれの眠りから覚めてベッドから出ました。ふらふらと廊下を歩いて角を曲がると、NICUの前に思いがけない人の姿がありました。近づいていき、「どう、したん……？」と間延びのした口調で聞いたのは、夫がそんな異様な時刻にここにいることへの驚きも警戒も、すぐには浮かばない頭の状態だったのだろうと思います。

夫の方も、朝の四時にいきなり廊下に現れた私に驚いたようでしたが、並んでソファに座ると状況を説明してくれました。海の胃に穴が開いて緊急に手術をすることになり、深夜に電話で呼び出されたこと。手術は一時間ほど前に終わって成功したと医師から説明を受けたこと。今は術後の処置をしてもらっていること。

「ふうん……。で、手術は成功したんよね？」

「うん。先生からはそういう話じゃったよ」

「そう。じゃぁ、えかった……」

働きがスローモーションになった頭で、そんな受け止めをしたのを覚えています。

つい最近、どういう話の流れからか夫と当時の話になり、あの時、本当は医師から緊急手術のことは母親にはしばらく伏せておくように言われていたのだと聞かされました。ところが、その相談の直後によもやの本人が現れて鉢合わせし、内心は大いに狼狽しつつも、これはもう話すしかないと腹をくくったということでした。それを初めて明かされて、すでに六〇代も半ばを過ぎた妻は、ずっと昔のあの明け方にＮＩＣＵ前の廊下にぽつんと立っていた三一歳のこの人が不憫で、涙が出そうになりました。

出産途上で意識を失った妻に付き添って救急車で大病院に運ばれ、何時間も廊下で気を揉んだあげくに、ようやく父親になったはずが、触れたこともない我が子は生まれるなり死にかけている――。それだけでも人生最大の大事態に見舞われているというのに、さらに真夜中の電話で「胃に穴が開いて緊急手術」と言われ、家を飛び出して行って医師に会い、病状説明、手術の説明、「この書類にサインを」と求められ、手術が終わるまで一人でぽつねんと待ち、「成功しました」「これから術後の処置で」「奥さんには当面は言わずに」……。まだ世間知らずの若者にとって、それはどんなに長く重苦しく孤独な時間だったことか。

海は命を救ってもらって退院してからも日常的に体調を崩しやすく、三〇代後半のこれまでには何度も死にかけたので、今の私たち夫婦には海の親としての四〇年近いさまざまとともに、娘の命の危機を二人で耐え凌いだ記憶がいくつも積み重ねられています。海が生まれてわずか三日目のあの夜、そんな経験も記憶もまだ何一つ持ち合わせなかった夫がたった一人で背負っていたものの大きさ重さを思うと、胸が痛みました。

「私はあの時、なんでか頭がぼんやりしたままで状況を掴めとらんかったし、『成功したなら、よかった』とか、まるで場違いな呑気な受け止めをしてしもうた。お父さんは真夜中にいきなり電話で海の命の危機じゃと呼び出されて、いろいろ大変なことだらけの晩じゃったじゃろうに、私には冷静に説明をしてくれたよね」

「うん。まさかお母さんがいきなり現れるなんてビックリしたけど、どう考えても、あんな時間に僕が病院におることの説明がつかんから、もうありのままに話すしかないと思うた。でも、本当のところは夜中の電話で病院に飛んで行ってから、あれやらこれやら次々に思いもよらん初めてのことばっかりで……正直、僕の方も何がなんやら、さっぱり分らんままじゃった」

「ほうじゃねぇ。あの頃はなぁんも訳が分からんかったねぇ……」

「訳が分からんまま、でも、なんでか海は大丈夫じゃ……って、どこかで勝手に信じとったような気がする」

「ほんまじゃね。もしかしたら今みたいにいろんな知識がなかったけぇ思えたんかもしれんけど、どこかで、この子は大丈夫って無邪気に思いこんどったよね。あの後あんなにいろいろ大変なことが待っとるというのも、想像すらできんかったし……」

「うん。な~んも知らんかった」

そうなのでした。海が真夜中に胃穿孔の手術を受けて一命をとりとめてもらったあの日、私たち夫婦はまだ何の知識も経験も持たない、障害のある子をもつ親としては生後三日目のゼロ歳児だったのでした。

それでも振り返ると、そんな親としてまだゼロ歳児の時にすでに、その後の私の「厚かましさ」あるいは「信頼」の原点のような経験がありました。今でも敢えて「この『厚かましさ』は『信頼』なのだぞ」と自分に言い聞かせようとする時に、よく蘇ってくる記憶。今でも思い出すたびに、どこか切ない記憶です。

海が生まれて数日後に、最初は出ないかもしれないけれど毎日決まった時間ごとにこの部屋に行って搾乳しなさい、と師長さんから指示されました。その日、私が少し早めに指示された部屋に行ってみると、応接セットが二つ並んで置いてある部屋は無人でした。が、奥の大きなガラスの向こうは新生児室で、そこに看護師さんの姿がありました。声をかけると、まだ時間には少し早かったからか、ちょっと迷惑そうな顔になりましたが、出てきて応接セットのソファで搾乳の仕方を教えてくれました。

「すぐにはうまく搾れないと思いますけど、練習しているうちに出るようになるから頑張ってくださいね」と言いおいて看護師さんが新生児室に去った後、無人の部屋のソファで出もしない搾乳にチャレンジしていると、ふいに廊下のはずれに華やかなさざめきが湧き起こりました。そして、あれよという間に近づいてくると部屋のドアが開いて、ネグリジェ姿の若い女性たちがわらわらと入ってきました。その時にようやく気付いてみれば、ここは「授乳室」なのであり、指定されたのは「授乳の時間」だったのです。

遅ればせながら、もう一つ気づいたことがありました。そういえば、私が入院していた六人部屋の他の五人は、みんな年配の婦人科の患者さんたちなのでした。私は病院側の配慮で、産科ではなく婦人科の患者さんたちの部屋に入れてもらっていたのです。NICUで苦しんでいるわが子のことで頭がいっぱいで、そんな温かい配慮をしてもらっていることに気づいてもいませんでした。この病院でここ数日の間にそれほど多くの子どもが産まれていることも、子どもは普通はそんなふうに正常に生まれてくるものなのだということも、頭の片隅に浮かんだことすらなかったのでした。

入ってきた新米ママたちはすでに顔なじみのようで、新生児室から我が子を受け取ると体重を測っては増えたの減ったのとはしゃぎ、ヒバリのように賑やかにしゃべり交わしながら応接セットや周辺に陣取っていきました。無造作に胸をはだけて赤ん坊に吸いつかせると、吸い付かせたまま子どもの様子を話題に盛り上がります。ソファの真ん中に座っていた私は、あっという間に出産後の幸福と誇りではち切れそうなママたちに、ぐるりと取り囲まれてしまいました。

本当はどうだったのか分かりませんが、みんな弾けんばかりに若い人たちのように思えました。彼女たちの真ん中で、一人だけ空っぽの搾乳器を手に座っている自分だけが、干からびた年寄りみたいに感じられました。一人の時にはそんなことは感じなかったのに、急に私だけが薄汚い行為をしているように思えて、肩をすぼめて胸を隠そうとしている自分を意識すると、みじめさで胸がいっぱいになり、顔をあげることができませんでした。

「搾乳の練習」を続ける気力などみじんも残っていないのですが、中止して出ていくためには、立ちあがり、このヒバリの群れの中を横断し、新生児室まで行って看護師さんに声をかけなければならない……。立ち上がって視線を集めることを想像しただけで心がくじけます。ヒバリたちに取り囲まれた真ん中でうつむいて身体を固くすくめたまま、搾乳に熱中しているフリをして耐えました。

ママたちは授乳後にもう一度我が子の体重を測って記録すると、子どもを新生児室に戻してから、部屋を出ていきます。一人出ていくたびに、ちょっとずつ呼吸がラクになりました。再び無人に戻っても、授乳室には華やいだざわめきの余韻がまだ充満しています。その中に一人で座り、これを一日に何度も繰り返すのか……と考えると、呆然となり、しばらく身動きができませんでした。

次の指定時間には二〇分ほど早く行きました。看護師さんは露骨に迷惑そうでしたが、なんとかヒバリの集団が入ってくるのと入れ違いに部屋を出ることができました。

三度目は三〇分前に行きました。そして、「またか」と言わんばかりの顔で出てきた看護師さんに、「あの、ちょっと、お願いがあるんですけど」と切り出しました。口にするにはたくさんの勇気が必要な言葉でした。ウンザリ顔の看護師さんに切り出すにも必要でしたが、一番たくさん必要だったのは、自分の辛さ、弱さを自分で認めて、それを他人の前に正直に晒すこと、その痛みを乗り越えるための勇気だったように思います。

「私の子どもは生まれてきたけれど、まだ私の手元に来ることはできません。今、そこのＮＩＣＵで死にそうになっています。この子のために搾乳はもちろんしてやりたいけれど、無事に子どもを産んで、我が子を胸に抱いて授乳できるお母さんたちと同じ空間で、その作業をすることは私には今ちょっと辛いです。忙しい看護師さんに迷惑をかけるのは申し訳ないんだけれども、次から決められた時間の三〇分前に来させてもらえないでしょうか。」

これを口にすることは私にとって屈辱的で、ものすごく痛いことでした。ただ、あの状況を繰り返すのはもう耐えられなかったから、それなら涙ぐんだり感情的になったりせず、それを事実として淡々と伝えることで胸を張ろうと思いました。前回ヒバリの集団と入れ違いに部屋を出た後で自分のベッドに戻り、じっと天井を睨み据えながら考え続けて決心したことでした。

看護師さんは一瞬、それまで考えたこともなかったことに初めて気が付いた、という顔をしました。そして、余計なことは言わずに「いいですよ」とだけ言ってくれました。

それまで暗くふさいでいた気持ちは明るく晴れ、全身から力が抜けてラクになりました。勇気を出してよかった……と、心の底から安堵しました。

はるかな過去のこととして振り返る今、やはりあの時に勇気を出して本当によかった、と改めて思います。産まれたばかりの我が子の危機を受け止めるだけで精いっぱいだった当時の私自身の精神衛生のためにも、それはもちろん良いことでしたが、その後の年月の間にいろんな経験を経て今に至った私にとっても、あの時にギリギリの勇気を振り絞って思いを伝えてみたら届いた体験があったことは、やはり大切な「原点」だったという気がします。その後の人生で親の気持ちを伝えることの困難に直面する時、障害のある子の親としてゼロ歳児だった時の授乳室でのできごとが「語るには痛みがある思いだからこそ、むしろ堂々と、そして淡々と語れ」と原点に立ち返らせ、支えてくれてきたように思うのです。

2　大病院

産後一週間の入院中には、もちろん「言えなかった」場面もたくさんありました。

それまで総合病院とは「誰かの見舞いに行く場所」でしかなかった私にとって、生まれて初めて触れた大病院の医療文化には、驚くことばかり。最も鮮烈だったのは、若輩ながら一人前の社会人として日常的に様々な人と行ってきたコミュニケーションが、医師との間では成立しない、という驚きでした。

出産の翌朝、想定外の場所に痛みを感じました。なぜか肋骨のあたりがちょっとだけ痛いのです。体の動かし方によって、そこはかとなく痛い。寝返りを打つとはっきりと響くのが意識される、というような微妙な痛みです。思い当たるのは、いろいろあった超難産の最後、師長さんが私のおなかに馬乗りになって押し出してくれたこと。もしかして、あれ……かも……？

耐えがたく痛いとか、身動きできないほど痛いというわけではないので、骨折はないだろうと思いました。が、微かなヒビくらいは入っているのかも？　と一度考えてしまうと、そのわずかな痛みから意識が離せなくなりました。回診の時に先生に言うてみようか……。でも……。

なにしろ当日は救急車で運ばれて、意識が戻ったり眠ったりだったので「主治医」の顔を見た記憶もありません。出産翌朝の回診が初対面のようなものでした。威厳に満ち、こちらからはものを言いにくい雰囲気の医師でした。さっと来て、さっと診て、さっといなくなる。「ものを言いにくい」というよりも、「話しかける隙がまるでない」感じ。どうしよう……。まず隙をついて話しかけることが、こちらとしては最初のハードルになりそうです。考えるたびに気持ちはくじけるのですが、日が経つにつれ「果たしてこのまま退院しても大丈夫か？」という疑問と不安が大きくなるので、とうとうある晩じっくりと作戦を練りながら腹をくくりました。翌朝いよいよ決行です。

颯爽と入ってきた医師に「おはようございます」

「む。おなか、出して」

先生の手が無言であちこちを押さえてみる。私はその手の動きに、じいっと集中。昨夜じっくり立てた作戦の通りに、その手がつと離れ、先生が体を起こし終えるまでのわずかな隙を狙いすまして、「あのぉ……」。

とにもかくにも発してみた声はとりあえず注意を引き、こちらを見てもらえました。おっしゃぁ……。すかさず肋骨のあたりを手で示し、

「この辺りがちょっと痛い、ような……気がする……んですけどぉ……?」。

前の晩に頭で思い描いていた口調よりもずっと気弱なのが情けないなぁ、と思う間に身体を起こし終えた先生は、私を見下ろして、きっぱりと言いました。

「そんなはずはありません」

「へ?(内心の声)」

「痛いのはおなかのはずです」

「げっ?(内心の声)」

「子宮が収縮しているから、いま痛いのはおなかです」

次の瞬間、白衣は裾を翻して廊下へと消えていきました。

「……」

目がテンという奴を絵に描いたような状態で、しばし固まりました。夜通しかけて覚悟を決めたんじゃったのに。ついに決行した「直訴」じゃったのに……。

のろのろとおなかを仕舞いこみながら、固まっていた意識が少し動き始めると、なんよぉ……と、ようやく不服の言葉が頭に浮かび上がってきました。

なんよぉ、私の身体じゃのに。どこが痛いかを、なんで先生が勝手に決めてんかね。

この先生とは長い付き合いにはならなかったのですが、強烈な「思い出のシーン」が他にもいくつかあるのは、いかにも「昭和のお医者さま」の典型だったからかもしれません。その一つは前章の搾乳に関連するものです。

出産の一週間後、私は海をＮＩＣＵに置いて退院しました。その時「胃を手術しているからすぐには飲めないけど、赤ちゃんにとってお母さんの母乳は免疫をつけるために大切なもの。飲める日に備えて冷凍してあげるから、家で搾乳して持ってきなさい」と看護師さんから指示されました。嬉しい心遣いでした。自分だけが先に退院するのは寂しいですが、してやれることがあるのは励みです。頑張ろう、と思いました。

ところが、なかなか「はい、これをお願いします」と胸を張って渡せるほどの量にはなりません。なにしろ生まれてきた我が子は保育器の中で「予断を許さない」状態が続いているのです。ＮＩＣＵからは頻繁に「緊急に交換輸血が必要。献血できる人を連れてきてください」と電話が入ります。真夜中に駆けつけたことも何度かありました。当時の私たち夫婦の精神状態を振り返ると、何をしている時にも「過ぎていく一瞬一瞬を祈りで塗りこめながら暮らしているような」という表現が頭に浮かびます。いくら奮闘しても、ＮＩＣＵに持参できる母乳の量は日に日に減っていきました。

ＮＩＣＵの小児外科医はお二人とも優しく温かいお人柄で、厳しく言われることはなかったのですが、若い方の先生は量が足りないことを残念に感じておられるようでした。母乳がいかに赤ちゃんにとって大切かを何度も説かれ、「がんばって」と励まされました。

しかし、これぱっかりは気合いで絞りだせるものではなく、だんだんと「母乳は？」と聞かれることが気重になり始めました。

そんなある日、NICU前の廊下でその先生と例によって「やっぱり出ませんか？」「すみません。がんばってはいるんですけどぉ……」と話しているところに、件の産婦人科医が通りかかりました。やりとりを小耳にはさむと、こちらにやってきて、あたりに響き渡る大声で、

「なに？　母乳が出ないの？」

「はぁ。まぁ……」

「それはね。お母さんがゆったりした気持ちで過ごしていないからだ」。

声だけではなく、体もデカければ態度もデカい方なので、私は頭の上からドヤしつけられている格好です。気圧されて「はぁ……」と小さな声で応じるのみ。

「いいかい。母乳が出るためには、お母さんはゆったりした気持ちでいないとダ

メだ。いいねっ」

多忙な先生ですから、そのパワフルな念押しの言葉を吐くや、風を巻いて立ち去っていかれました。私は白い大きな背中を見送りながら、おなかの中で呟くしかありませんでした。

我が子がすぐそこで死にそうになっとる時に、一体どうしたら「ゆったりした気持ち」でおられると言うてんじゃろか。だいたい、そうやって上からドヤしつけられたら余計なストレスになるだけじゃないんかね。そんなん、出るもんもすっこむがね……。

四〇年近い時を経て今こうして振り返れば、まるで「昭和のお医者さま」のカリカチュアとして、あつらえたようなシーンにも思えて、笑ってしまいます。もちろん悪意ではなく、患者のためを思っての善意なのだということくらいは十分に理解しています。その点は、NICUの若い小児外科医も同じだったでしょう。お二人とも、娘のために母親の免疫をそのまま摂取できる母乳がたくさん出て、やがて飲める日のためにたくさん冷凍されるのが望ましいと考え、そのために母親に「アドバイス」してくださったわけですから、その善意を疑うものではありません。いま振り返っても、そのお気持ちはありがたいです。ただ、いま振り返っても、やっぱり、だからって出るってものじゃないんですよね……と思います。

新生児にとって母乳がいかに大切かを私が理解していないことが原因だから、覚えの悪い母親に繰り返し説き聞かせて、その大切さを頭に叩き込めば母乳はめでたく出るようになると、あの若い医師は考えておられたのでしょうか。死に瀕している我が子を案じる母親を「ゆったりした気持ちでいないからダメなんだよっ」と善意でドヤしつけたら、その母親がたちどころに「改心」して我が子の心配をしなくなり、ゆったりした気持ちで暮らすようになって母乳がドバドバ……なんてことを、あの産婦人科医は本当に信じておられたのでしょうか。まさか、そんなはずはないでしょう。ただ、お二人とも、医療の文化の中に根深い、ある種のカン違いをしておられたのだろうな、と今の私は考えています。

患者に正しい知識と情報を与え、正しい考え方を指導してさえやれば、患者は正しく行動するはず（べき?）である……という、人間というものをめぐる根源的なカン違い——。そして、そのカン違いに基づいて「コミュニケーションとは、教え指導してやること」とどこかで思い込んでしまう、さらなるカン違い――。

当時、私たち親子のことを案じてくれる友人たちは「そりゃ、この状況だもの。どんなにか心配だよね。おっぱいが出なくて当たり前だよ。そんなの仕方がないよ」と声をかけてくれました。そして、そのたびに娘の命を案じて張り詰めた気持ちがほんのちょっとの間ほぐれ、私は「ゆったりした気持ち」をちょっとだけ取り戻すことができました。

Column　母の風景

1

雌雄の鯛

この時の産婦人科の先生はやはりタダモノではなく、次の春に某国立大学医学部産婦人科教室の教授に就任されました。態度がエラソーなだけではなくて、本当にエライ医師だったのです。私にそれを教えてくれたのは、もともと娘を生むはずだった町の産婦人科医院の先生でした。

なにしろ、その産院の分娩室で意識を失って救急車で運ばれたのですから、退院してすぐに挨拶に行きました。ご迷惑をおかけしたことのお詫びと、生まれた娘がＮＩＣＵに入って容態がまだ定まらないことの報告をしに行ったわけです。私の中には、なぜ娘が重症仮死で生まれることになったのかを知りたい気持ちもありました。

救急車で運ばれた後、私はずっと一人で何時間も寝かされていて、とぎれとぎれの記憶しかありません。いきなり何人もが入って来るや、一刻も早く出さなければ赤ん坊の命が危ない、という緊迫感の中で「やれ産め、そら産ませろ」の大騒ぎになったのですが、なぜそれより早く帝王切開をしてもらえなかったのか聞いてみたいとも思っていました。

私の挨拶と報告を受けると、産院の先生は「よかった、よかった」と大喜びしてくれました。

「あんたは、あのまま死ぬるところじゃったんぞ。あの先生に命を助けてもろうたんじゃ」

そうか、分娩室で急に意識を失って救急搬送された私が何ごともなく退院できたのは、たしかに大喜びするべきことなのかもしれない、私が勘違いしていたのか、と思いかけた時、目の前の医師は喜びにはち切れんばかりの笑顔で言いました。

「いやー、こんなにめでたいことはない」

「は……?」

「先生はこのたび大学の教授に就任されることが決まられたぞ。さっき知らせがあったばっかりじゃ。あんたは、そんなすごい人に子どもを取り上げてもろうたんで。本来なら、あんたは大きな雌雄の鯛を揃えてお祝いに駆け付けにゃならんところよ。あ、もちろん私はこれからすぐ持って行くけどな。いや、めでたい。よかった、よかった」

私は当県の産婦人科医療の世界にどんな政治が繰り広げられているのか、まったく知りません。が、本来なら、この産院で無事に生まれるはずだった子どもが原因はともかく生まれてこない、NICUで生死の境をさまよっているという時に、その親に向かって喜びを全開させて「めでたい」「よかった」と繰り返す人は、まるで別のコスモスに棲息する宇宙人に思えました。

3　抗議

生まれてくるなり死にかけた海はＮＩＣＵのみなさんのおかげで命の危機を乗り越え、二か月ほどで退院することができました。が、海を自宅に迎えてからの一年ほどは、私の人生で最も苦しい時期の一つでした。

なにしろ海は眠らない赤ん坊でした。なかなか寝付かないだけでなく、お昼寝していても、ちょっとしたことですぐに起きてしまいます。眠らないだけならまだしも、夕方になると決まってすさまじい号泣が始まり、それがだんだん長く続くようになって、しまいには明け方まで延々と続くようになりました。私たち夫婦は、なんとかしてやろうと四苦八苦し続けて夜を過ごし、明け方になって泣き疲れた海が寝込んでくれると、ようやく数時間の睡眠をとり、海を私の母に預けて、それぞれ仕事に出かけていく日々でした。

夜遅くなると近所のことが気になるので、車で連れ出して、ぐるぐる町を走り続けました。車で走っていると眠ってくれるのですが、信号などで止まると起きてしまうので、夫は車を止めないことに全神経を集中して運転していました。それでもだんだん眠らなくなってくると、私たちは海沿いの商業団地に向かいました。広大な埋め立て地で、夜は無人になります。抱いて歩いていれば眠れるようなので、夫婦が交代で抱いて明け方まで歩き続けました。夜が更けるにつれて、向こうの山肌に建つ家々の灯りが時間とともに消えていきます。一時二時になると起きている家もほとんどなく、静まり返った町はずれの埋め立て地を黙々と歩き続けていると、この世界に私たち親子を助けに来てくれる人は誰もいないのだと、骨身に沁みて思い知らされるようでした。

もちろん外来受診の際に話し、泣き方が尋常ではないことも何度も訴えてみましたが、「赤ん坊は泣くものですからねぇ」という受け止めにしかなりません。胃の手術をした関係で、主治医は退院後もＮＩＣＵの小児外科医でした。ＮＩＣＵで命の危機に瀕していた頃から一貫して穏やかで、温かい配慮をしてくださる先生でしたが、小児外科医としてその方面には詳しくなかったのでしょうか。後に出会った多くの母親仲間が「夜通し続く異常な号泣に苦しんだ」と同じ辛さを口々に語ったことを思えば、それだけではなかったようにも思います。

同じような障害のある子をもつ母親たちが日本全国で、私と同じく我が子の泣き方に異常なものを感じて、医師にその不安と心配、そんな号泣に夜通し晒される辛さを口々に訴えていたのだろうと想像します。そして、多くの母親たちの言葉が、やはり正面から取り合われることなく終わったのではなかったでしょうか。中には「あなたの育て方が悪いからだ」などと返されて、その時の情けなさを今も忘れられないと語る人も少なくありません。

三〇年以上が経過した今の医療では、重い障害が予想される乳児の中にこうした異常な夜泣きをする事例が少なくないことが、きちんと把握され、認識されているでしょうか。今の親御さんたちが「異常な泣き方なんです」と不安を訴えた時に、親が本能的に「異常だ」と感じることに意味を認めて耳を傾け、検査につなげてもらえるように医師の対応が変わっていますように、と心から願います。

海の主治医の小児外科医は親の気持ちにも配慮のある方でしたが、何度か訴えても「赤ん坊の夜泣き」という受け止めで留まると、少しずつその話を出すことそのものが難しくなっていきます。一方で、海の泣き方はすさまじさを増すばかり、私たち夫婦も疲弊していくばかりです。どうしていいのか、ほとほと途方にくれました。

その頃、個人的に知り合った小児科の医師に、ついボヤいたことがあります。どんなに異常な泣き方かを語り、「私たちもずっとろくに眠れていなくて、もうあの泣き声を聞いていたら頭がどうにかなりそうなんです……」。その時に返ってきた言葉は、今も忘れられません。

「お母さんがそんなことを言ってて、どうするんですか？　辛いのは海ちゃんなんですよ」

私は口を閉じ、悪態はおなかの中でつきました。

そんなことも分かっとらん親じゃと思うてですか。海が辛いことくらい分かっとるから、どうにかしてやりたいと抱いてゆすったり歌ったり、あやしたり宥めたり、夫婦で夜通し必死であれもこれもやってみよるんでしょうが。辛いのは海の方じゃと言うてなら、どうして医療は海のその辛さをどうにかしてくれてないんじゃろうか？　私ら、困って助けを求めとるのに、助けてもらえるんじゃのうて、なんで責められんといけんのじゃろうか……？

それからずっと後の二〇一九年に、私は重い障害のある子をもつ高齢期の親たち約四〇人にインタビューをしました。その時、知的／発達障害の子をもつ親たちのインタビューでは、子育ての中で直感的に「この子は普通じゃない」「障害があるのでは」と察知して受診したけど、「子どもに異常はない。お母さんの育て方が悪い」と医師から言われて終わったという体験談をたくさん聞きました。困り果て、助けてくれる人を求めて受診したのに、思いもよらない冷たい言葉で応じられたら、私たち親は何も言えなくなります。そんな……と、あまりのことに呆然とし、固まってしまうのです。

何を言われたのか、それがどんなに理不尽でひどい言葉だったか、そのことを頭がまともに受け止め、心がそれに反応するのは、いつも少し遅れてからになります。だから、私たちはいつも後になってから、言われた言葉を頭によみがえらせては悲しさと悔しさに歯噛みしてきました。けれど、仮に反応が遅れなかったとしても、おそらくは何も言えないのが私たち親の立場というものだったでしょう。言えないから、その時に言えるものであれば言いたかった言葉とともに記憶に刻まれ、心に負った傷がずっと心に残り続けているのだろうと思います。

それでも、私にもついに黙っていられない日がやってきました。海が生後六か月の頃。初めて小児科外来に行った日のことでした。

その日、小児外科の主治医に指示されて、初めて外来で脳波を取りました。NICUにいる時から「脳波をとってみたけど、将来は障害が出るかもしれない」という話は聞いていました。夜ごとの号泣に苦しんでいるさなかでしたから、脳波の検査を指示された時には、これで異様な号泣の原因が分かり対応してもらえるかもしれないと期待を抱いたのを覚えています。けれど、検査後に結果を聞くために初めて小児科を訪れると、小児科の診察室の雰囲気はそれまで通っていた小児外科とはまるで異なっていました。

初対面の医師は椅子にふんぞり返って、挨拶をしても返事も返さないし、こちらを見ることもしません。無言のままで面倒くさそうに手を伸ばして脳波の記録用紙をめくっていると思うと、いきなり、

「うっわぁ、脳波ぐちゃぐちゃぐちゃじゃぁ。この子は脳なんかないようなもんで」

衝撃で頭がしびれました。私が表情を動かさないのを見て伝わっていないと思ったのか、

「あんたーの、将来この子は身体がこんなふうにねじ曲がってしまうんど」

自分の体を奇妙な角度に捻じ曲げてみせては、私の反応を確かめるように顔を覗き見ます。「どうな、恐ろしかろーが？」と探るような目つきに、私はなぶりものにされている、と感じました。科学的な説明が出てくる気配などカケラもなく、なおも将来この子がどんな悲惨な状態になるかを演じて見せる医師の言葉を、反応できないままぼんやりと聞いていると、それでも頭のどこか一点に小さな怒りの火がぼっと灯りました。その火によって覚醒していく部分がわずかにあって、そこで考えました。

そうか……。この子が手術を受けたけぇ今は小児外科の先生が担当なんじゃ。ということは、手術のフォローがそろそろ終わって、海の主治医はここから小児科医に替わる……。まさか、それがこの先生なんじゃろうか。この先生が主治医ということになったら、どうする……？　私はこの子の親として、こんな人を信頼してついていくことなんか、できん。

「先生は、この子が将来一〇〇％絶対にそうなると断言されるわけですか」

「う？　そりゃ一〇〇％絶対かと言われりゃぁ、ワシだってそうは言わんが……」

「ありがとうございました」

何も知らず、検査の時に飲まされた薬で眠りこける海を抱いたまま立ち上がりました。そのまま部屋を出て行こうとすると、背後から追いかけてきた声が言いました。

「まぁの。あんたは詳しいことは、知らん方が身のためよ」

いま思い出しても、あんな人が医師をしていていいのか、と腹が煮えます。

この日、私は病院を出て実家の母に海を預け、勤務先の大学に向かいましたが、診察室で灯った一点の火は燃え広がって盛大な野火と化していきます。研究室に着くころには、頭の中は野火に炙られた激しい言葉たちがぎっちり満杯。講義までの数時間、研究室に閉じこもって猛烈な勢いで書き連ねた憤りの言葉は、病院長あてに便せん十一枚の抗議の手紙になりました。

仮にも国立病院の小児科部長とは、広域的に重度障害のある子どもたちのための高度医療を担う責任ある立場ではないのか。初めて親になったばかりで、我が子の障害に当惑している母親の気持ちに配慮しながら、科学的な説明と共にきちんと障害を告知するのが、小児科医というものではないのか。それどころか、無用におびえさせ、動揺させて喜ぶような所業に及ぶとは一体なにごとか。病院長として、このような医師が小児科を率いていることをどうお考えか——。そんな稚拙な理屈を全身全霊でこね回し、縷々書き連ねたように記憶しています。

数日後に医事課長から電話がかかり、医師と一緒に謝罪に伺いたいと言われましたが、もう顔も見たくないので書面で謝罪してほしいと返事をしました。やがて、あの小児科医から送られてきたのは、「あまりに脳波所見が異常だったので、つい思った通りを口にして申し訳ありませんでした」という、子どもみたいな謝罪の手紙でした。

あの日書いた長い手紙はもう手元にないので確かめるすべはありませんが、今の私が「こんなことを書いたはずだ」と思うほどには理路整然と書けていなかっただろうと推測しています。あの時の私はただただ怒り狂い、心に受けた傷のあまりの痛さに、のたうち回っていました。その苦しさをやり過ごす方法を他に知らなかったから、ふつふつと煮えたぎる頭から飛び散るマグマのしぶきを、そのまま文字にして便箋に叩きつけただけ。私はまだ障害のある子の親として心の底から憤った時に、苦し紛れの言葉で暴れることしか知りませんでした。

4　母子入園

海が退院して初めて外来で脳波検査を受けた日、実は小児外科の主治医から指示されたことがもう一つありました。近隣の大きな町の療育センターの資料を渡され、行ってみるように言われていたのです。前章で書いた暴言医師のエピソードがその直後だったことを考えると、よくぞその前に専門機関に繋いでもらっていたものでした。

療育センターの小児神経科医は、優しい雰囲気の年配の方でした。脳画像や検査データを示して科学的な説明があり、

「残念ですが、脳性麻痺という診断を下さざるを得ません」。

この言葉を聞いた時に私たち夫婦が感じたのは、安堵でした。これでやっと前に進める。これからは親にもしてやれることがある——。それは間違いなく、希望でした。

また、療育センターを受診するうち、海には難治性てんかんの発作が起きていることが分かり、その町の総合病院を紹介してもらって入院。治療によって、あのすさまじい号泣がやっと収まりました。さらに退院時には県立障害者リハビリテーションセンター（当時）の母子入園プログラムを紹介され、療育センターを訪れてからは一つ一つ前に進んでいく感じがありました。

依然としてひたすら目まぐるしく忙しく、私たち夫婦にとって心身ともに人生で最も苦しい時期は続いていましたが、すさまじい号泣の嵐を生き延びるだけで精いっぱいだった過酷な日々は一段落しました。生活が少し落ち着き、親としての態勢も整い始めて、母子入園プログラムに紹介された時には、さぁここからが私たち親子の新たなスタートと、腕まくりでもする気分でした。

「母子入園」とは、障害のある子をつれて親子で参加する二か月間の泊まり込みプログラムです。今では時代の変化を反映して「親子入園」と名前が変わったようですが、当時は「子育ては母親の仕事」「障害のある子を育てるために必要な知識と技術を身に着けるべく、子をつれて入園するのは母親」が当たり前とされる時代でした。

障害児療育の歴史から言えば、ボイタ法という米国伝来のリハビリ療法が「奇跡の療法」ともてはやされて大流行し、「ボイタ法さえやれば脳性まひは治る」と信じられていた時期の終盤あたりではなかったでしょうか。後に伝え聞いたところでは、すでに都会では批判的な見方も広がっていたようですが、私たち親子が暮らす地方の母子入園では、まだボイタ法を母親が身に着けて、子どもの生活に一日四回の訓練を根づかせることが主たる目的となっていました。そのボイタ法に、私はなじめませんでした。

赤ん坊の頭をねじって不快な位置に押さえつけ、苦しがって本能的に暴れる動きによって反射を促して、正しい寝返り動作を身につけさせる――。原理はセラピストの説明を聞けば理解できるのですが、他の入園仲間のように「奇跡」を信じて邁進する気にはどうしてもなれないのです。

今は母親との愛着関係を作るべき大事な時期じゃないんかね。こんなことをして、この子が心の傷を負うたり、母親への信頼を失くしたりしたら、どうしてくれるんじゃろうか……。

医療職も親も誰も彼もがここでは「歩くか歩かないか」ということに過剰にこだわることも、入園した直後に受けた整形外科医の診察で無言の医師が子どもをまるでモノのように扱う態度も不快でした。その無言の診察で、何人かの母親たちが唯一聞いた言葉が「この子は一生歩かんよ」。他には何もなく、まるで引導を渡すように、それだけ。まるで「一生歩かない」ということが、その子どもの未来についてのすべてであるかのように——。

でも、「歩けん」というだけなら車イスがあるじゃろうに……。そりゃ私だって、できるなら海が歩けるようになってほしいのは他のお母さんらと同じじゃけど、でも、それがほんまに、この子の子育てで一番大切なものなんじゃろうか……。

毎日、整形外科医、小児科医、理学療法士、作業療法士、歯科衛生士、福祉職による講義があり、それぞれの講義の内容は「障害児の親ようやく一歳児」にとっては必要な知識、大切な内容ばかりなのですが、「どこがどのように異常なのか」「その異常に対してどのように対応すべきか」という話ばかりを聞かされていると、自分の子どもがまるで異常や障害そのもの、あるいはその集合体と目されているかのように感じられて、ムラムラしてきます。

なんやしらん、みんなでよってたかって、この子をまるきり「壊れた肉体」みたいに扱うてからに。この子が障害そのものじゃというわけでもあるまいに。この子はこれから一人の子どもとして成長していかにゃならんのに、この人ら「障害をどうするか」いう話ばっかりじゃが。「(障害のある)ひとりの子どもを育てていく」いうことをちゃんと親と一緒に考えてくれる人は、どこにもおらんのかね……。

また、講義のことごとくが「こうしなさい」「こうしてはいけませんよ」という「指導」のメッセージとして出てくることにも、抵抗がありました。母親たちはそれぞれに我が子の障害を知らされたばかりで動揺しているというのに、そんなことにはおかまいなく、性急に多くの知識と技術の習得が求められます。そこで行われていることは「援助」という名のもとに行われる一方的な「指導」と「教育」でしかありませんでした。

当時、私は三一歳。大学の専任講師としてフルタイムで働いていました。若輩ではありますが、それなりに一人前の社会人を張って生きてきたつもりです。それなのに母子入園に来てみると、親の私までがまるで何もできない、なにも知らない幼児みたいな扱いを受けるのです。なんなんじゃろうか、この無礼な人たちは……。その人らに「母親なら全力で励め」とばかりに尻を叩かれる訓練をイマイチ信頼できんのじゃったら、いっそ、ここらへんでやめて帰ったほうがええんじゃないじゃろか……。そんな迷いすら芽生えてきました。

が、結果的に、私は帰りませんでした。この時に帰らずにすんだ顚末を振り返ると、この母子入園にも私にとって大事な原点の一つがあったように思います。

その日、私は「もうやめて帰ろうか……」という鬱屈を抱えたまま、夕食後に海のバギーを押してリハセンター内を散歩していました。誰もいなくなった外来待合室に差し掛かったところで、向こうの廊下をB先生がこちらに歩いてくるのが見えました。小児科の診察でまだ一度しか会ったことがありません。なにやら、せかせかと忙しそうで、ご迷惑じゃろうか……と一瞬考えましたが、気がついた時には「あのぉ、ご相談したいことがあるんですけど」と声をかけていました。もう一人で抱えるには限界だったのでしょう。私は、その時にB先生がやってくれた三つのことのおかげで、母子入園を途中でやめずにすんだのでした。

まず、すぐにその場で時間を取ってもらえたこと。先生は、そのまま小児科外来に招き入れてくれ、私は椅子に座るや、ものすごい勢いで思いをぶちまけました。

母子の愛着関係を作るべき大切な時期にこんなことをして、母親への不信を植え付けることはないんでしょうか。障害があるからといって身体だけでええんでしょうか。心の方を考えてくれる人はどこにもおらん気がするんですけど。それほどのリスクを冒すだけの効果が、先生、ほんまにこの訓練法にあるんでしょうか……。

後で知ったところでは実はものすごくせっかちな人なのですが、この時は溜まったものを猛然と吐き出す私の勢いに気おされてか、途中でさえぎることなく最後まで聞いてもらえました。これが、この日先生がやってくれた二つ目のことです。そして、

「お母さん、正直なところ、僕にも分からない。今はこれしか他にやってあげられることがないから、とりあえず、これをやってみようというのが、実際のところなのかもしれない」

この母子入園に来て以来、こうして素で向き合ってくれた人は初めてでした。先生がやってくれたことの三つ目が、「正直、分からない」と率直にホンネで話してくれたことです。もしこの時に、整形外科での診察のように「親は素人なんだから、黙って医師の言うとおりにしていろ」といわんばかりの高圧的な態度をとられていたら、私は途中

でやめて帰っていただろうと思います。

「でもね、お母さんがそういう自分の辛い気持ちを抱えながら、それを抑えて『海ちゃんのために』と願い、押さえつけて訓練をやる、その思いは海ちゃんには伝わるはずだと、僕は信じたいと思うんだよ」

ふむ……。先生が「伝わるはずだと信じたい」と言うてんじゃったら、母親なんじゃけえね、私は海に伝えてみせようじゃない。

そう考えることができました。私の迷いを断ち切ってくれたのは、自身も迷いを抱えた医師であることをさらして初対面に近い親と率直に向き合ってくれたB先生の、人としての誠実だったと思います。その、いわば人としての「実」を感じられなかったら、「海ちゃんには伝わるはずだと信じたい」という同じ言葉だって、操作的な「指導」に聞こえたかもしれません。なにより私を大人としての思考力とまともな感受性を備えた一人の人と認め、向き合ってくれる人がいてくれたこと、海の親としてリスペクトしてもらえたことに、やっと救われたのだと思います。

思い切りがついてボイタ法と本気で取り組んでみると、意外なことに海本人が前向きにがんばることに驚かされました。押さえつけられても泣かなくなり、自分なりに与えられた課題に挑もうとしていました。B先生が言った通りに、海は母親が押さえつける手に応えようとしていたのです。

そして入園から帰った日の夕方、あっけなく「初めての寝返り」が訪れました。入園中は、いいところまで行きながら元に戻る繰り返しだったのですが、その日はくるんと回ってしまい、本人もいったい何が起こったのか、腹ばいでキョトンと辺りを見回す頓狂な姿を今も鮮明に覚えています。あやうく途中で帰ってしまう寸前だった母親の逡巡を断って、その「初めての寝返り」を実現してくれたのは、あの夕方にあったB先生との対話でした。

海はこの時の成功体験から達成感のうまみを知り、その後も「ちょっと頑張ったらできそうなこと」を見つけては自分から意欲的にチャレンジしていくようになりました。取れそうで取れない位置にわざとティッシュの箱を置いておくと、抜いては散らかす誘惑に引かれて肘這いを覚え、やがて隣の部屋くらいなら行けるようにもなりました。親の方も海自身のそんな意欲につられ、家の中にどんなリハビリ遊びの仕掛けを巡らせてやろうか、それこそが親の腕の見せ所だとばかりに、せっせと知恵を絞ったものでした。それはアイデアを練る母親にとっても、ホームセンターに通ってはそれを形にする父親にとっても、やりがいに満ちた楽しみでした。

ボイタ法はその後ブームが急速に廃れ、単なる虐待だったかのように言われたりもしたようですが、ボイタ法を「虐待」にしてしまったものが当時の熱狂的なブームにあったとしたら、それは子どもたちを単なる「壊れた身体」として扱ったことではなかったでしょうか。一人の子どもである本人をまるで眼中に入れず、単なる医療介入の「対象物」として扱ったこと。子どもと母親に向ける眼差しに「目の前のあなた」へのリスペクトが欠落していたことではなかったでしょうか。

当時はなかった知識を身に着け、さまざまな議論や思考を経てきた今の私は、自分が母子入園で感じた違和感を、子どもが「医学モデル」で捉えられたばかりか、母親にまで我が子を専門職と同じくその「医学モデル」でまなざせと求められたことへの抵抗感だったと理解しています。あの日、失礼を顧みる余裕もなく、ボイタ法への疑念を存分にぶちまけた自分をほめてやりたいと今も思います。

B先生から「一度、海ちゃんのお父さんと会って話をしたいのだけれど、来てもらえないだろうか」という話があったのは、母子入園が終わりに近づいた頃でした。改まって何の話だろうと意図を尋ねてみると、先生は母子入園の間に機会があれば、なるべく父親とも話をするように心がけているとのこと。障害のある子どもの子育てはどうしても普通の子どもよりも負担が大きく大変なので、そのことを父親にも認識させ、自分も親なのだと自覚を持ってもらって、お母さんを支えてあげてほしいと伝えるためだということでした。

「特に海ちゃんのお母さんは大学の教員という仕事をしているからね。働きながら障害のある子どもを育てるのは、並大抵のことじゃない。それだけに、海ちゃんのお父さんには他のお父さん以上にお母さんに協力し、支えてほしいという話をしておきたくてね」

「ああ、それなら先生、うち、実は中学高校の同級生だった夫婦なんです。それで性役割の意識が薄くて、海が生まれる前から共働きで家事は一緒にやってきましたし、海の子育ても『手伝うつもりはない。一緒に育てる』と言っていますから、大丈夫と思います」

そんな会話をした数日後、夫と会った先生は「あのお父さんなら大丈夫」と安心したようでした。夫も、口下手なのに懸命に話してくれる先生に信頼感を抱きました。B先生との、長い付き合いの始まりでした。

5　療育研究会

B先生は、実はかなり異色の医師でした。それもそのはずで、もともとは大手企業でエンジニアとして働いていたとのこと。その企業の社会貢献事業の担当をした時に地元の障害者運動と出会った、しかもそれがラディカルな活動で名高い日本脳性マヒ者協会「青い芝の会」だったというのです。B先生と出会った当時の私は何も知らず、そのことの意味をきちんと理解するにはまだまだ年月が必要でしたが、今の知識をもって考えれば、どんなに強烈な出会いだったかは容易に想像されます。

一九七〇年に横浜で、若い母親が障害のある二歳の我が子の首をエプロンのひもで絞めて殺す事件が起こりました。同情の嘆願が相次ぐ事態に「我々は殺されても仕方がないのか！」と激しい抗議行動を展開したのが、「青い芝の会」でした。一九七七年には障害者に対するバス乗車拒否への抗議行動として、神奈川県川崎市の駅前に全国から六〇人の脳性マヒ者が集結し、道路を這っていってバスに乗り込み籠城するなど、過激な抗議活動で知られていました。一九七五年に『母よ！殺すな』（すずさわ書店、二〇〇七年に生活書院から再刊）を出した横塚晃一や「われらは強烈な自己主張を行う」「われらは愛と正義を否定する」他の行動綱領を書いた横田弘など、リーダーたちの思想はその著作を通じて、今も日本の障害者運動の精神的な支柱であり続けています。

その青い芝の会の地方メンバーと仕事を通じて出会い、語り合ううちに、この人たちのために役に立ちたい、そのためには医師になろうと決意し、勉強し直して医学部に入った、というのがB先生の経歴でした。またお連れ合いは教師でもあり、「障害のある人の人権」に対する感覚にも他の医療専門職とは比べ物にならないものがありました。「お母さんは大学で教えているから、海ちゃんのお父さんには特に協力しろと言っておかないと」という配慮にも、同じ教師の妻を持ち、夫婦が共に働きながら子育て中だった先生のプライベートが関係していたでしょう。外来に通う若い母親の中には私を含めて何人か教師をしている人がいて、診察の際にB先生には辛辣な医療批判を口にしていたらしいのですが、そうした批判がましい「学校の先生」母たちとのやりとりを先生はどこかで面白がっているふうでもありました。

母子入園後のアンケートに私が欄外にはみ出るほどびっしり書きつらねた「率直な意

見」も、「お母さん、たくさん書いていたねぇ」と苦笑しながら、興味を持って受け止めてもらったようでした。とりわけ「乳幼児を集めて二か月も生活させるのに、『療育、療育』としきりに言われる割に『医療』ばっかりで『育』がどこにもない。せめて保育士の関与があるべきだと思う」という指摘を中心に、診察室で先生とちょっとした「議論」をした記憶があります。まもなく母子入園のプログラムに「保育の時間」ができたと噂で伝え聞いた時には、心の中でガッツポーズが出たものでした。

当時は、今のように医療現場が制度でギチギチに縛られていない長閑な時代でもありました。検査のたびにデータを見せて詳しく説明してもらい、薬の増減の必要があれば「僕はこうしたらどうかと思うけど、お母さんはどう思う?」と相談してもらいました。その際にはもちろん、家庭での母親の観察や気がかりに丁寧に耳を傾けてもらえたので、私は特に意識して「勉強」する必要もなく、毎回の先生とのやり取りの積み重ねで無理なく必要な知識や観察眼、判断力を身につけ、障害のある子の親として育ててもらったと感じています。

例えば、私は専門職ではないので「脳波を読む」ということはできませんが、海の脳波に限っては、毎回ていねいに説明してもらう積み重ねの中から「分かる」ようになりました。どれが「けいれん波」かということも教えてもらいましたが、なによりも何度も我が子の脳波を見て説明を受け、その変遷が頭に入っていることが大きかったと思います。検査室で描き出されてくる波形を見れば「ああ、険悪な顔つきになったな」とか「前より穏やかだな」と、我が子の脳波の「表情」で「分かる」ことができました。

障害のある子の親たちは、初めての医療現場で出会う専門職から「どうせ何も知らない素人」として扱われがちですが、実際には、こと我が子に関してはみんな、さまざまな医療体験を経るにつれて、そうした本当の意味で「身についた」知識を豊富に蓄えていきます。医師が一般論として「知っていること」やデータから専門職が「分かる」ことと、私たち親が我が子に関して「経験から知っている」ことや「直感的に分かる」こととでは、「分かり方」の質が違います。後者には価値がないと考える専門職が当時も今も少なくありませんが、本当はこの両者の「分かる」がどちらも尊重され統合されて判断に生かされることが、何よりも本人の最善の利益にかなうはずだと私はずっと考えてきました。

そんなことまで考えられるようになったのも、当初からB先生をはじめ県立リハセンターの小児科医の先生方から親として育ててもらったおかげだと感謝しています。とりわけ議論好きなB先生とは、よく「障害のある子の療育はどうあるべきか」といった話で盛り上がったりもしていましたが、ある時、先生から思いがけない提案がありました。

「お母さんの言うことは面白いから、他の連中にも聞かせたいと思うんだけど、どうかな、セラピストを誘って一緒に勉強会をやってみない？」

そうして海が二歳か三歳の頃から月に一度、週末の午後にB先生と作業療法士と理学療法士と私の四人で「療育研究会」が始まりました。その後、海の通園施設の園長先生と保育士さんも加わって六人になり、二年ばかり続いたでしょうか。

私が人生で初めて「青い芝」という名前を耳にしたのは、このプライベートな研究会でB先生の口から医師になったいきさつが語られた時だったと思います。その時には、「なにやら過激な当事者団体があるらしい」という漠然とした情報が頭にインプットされただけでした。それから二〇年も後に、私自身がその流れをくむ障害者運動の面々と個人的に出会うことになるのですが、よもや自分の人生にそんな展開が待っているとは想像すらできない頃でした。

研究会では、B先生から「入所施設をどう考えるか」といった話題がよく投げかけられました。身体障害者の立場から入所施設を障害者の人権侵害と捉え、あるべき姿として地域での自立生活を描くのが「青い芝の会」でした。彼らとの出会いから医師になり、重症児者施設で働く先生らしい葛藤があったのだろうと思います。「入所している人が施設の生活に慣らされて『施設化』されていく問題が指摘されている。一方で、でも入所施設は社会の必要悪だという議論もある」。先生からそんな話を聞いて、みんなであれこれ話した記憶があります。この問題は、私自身がすぐ数年の後から大きな葛藤とともに抱え続けることになるのですが、当時は海が家で暮らしていたのでまだピンと来ていませんでした。

「療育研究会」での私はといえば、アメリカの障害児の親向け雑誌〝Exceptional Parents（ＥＰ）〟を定期購読しており、そこに紹介されていた「疑似患者」による医学生の研修を意義ある試みとして紹介し、「日本でも医療を変えるためにはこういうことが必要なのでは」と力説した日があったのを覚えています。また、日本の親向けの雑誌は専門職が上から親を「指導・教育する」記事ばかりなのに対して、ＥＰでは親と専門職が子どものために働く対等なパートナーとして「ともに考える」姿勢が一貫している、とその違いをいつも熱く語っていたように思います。

医療現場があの母子入園の文化だった時代に、医師を含めて立場の違う人たちが定期的に集まって、そんな率直な意見交換をしていた、しかもそこに母親が混じって対等にものを言っていたというのは、日本の片田舎でスゴイことが起こっていたのだなぁ、と思います。専門職と対等な立場でフラットな議論ができる場を、私は「障害のある子の親として二～三歳児」のあたりで定期的に体験していたのでした。まさに、三つ子の魂なんとやら……でしょうか。

Ｂ先生は今から十数年前に他施設の園長となり、主治医としての縁は切れましたが、今でも私が仲間と近隣で開催するケアラー支援講演会に顔を見せてくださいます。ずっと昔の母子入園の頃に母たちの子育て負担を思って「父親にひとこと言っておかねば」と考えていた先生ならではの、「ケアラー支援」という考え方への共感は私にとって本当に心強い味方です。

二〇二三年の暮れに広島市内で開催したケアラー支援講演会にも、体調が万全でない中で（先生の上にも長い年月が流れました）来てくださいました。帰りがけに「応援しているから、これからも頑張って。僕はお母さんのファンだからね」と言い、次いで「僕は実はお母さん以上に、海ちゃんのお父さんのファンなんだよ」と、傍らでスタッフとして垂れ幕を片付けていた夫の肩をバンバンぶっ叩いて、去っていかれました。

6　子育て期

Ｂ先生たちとの「療育研究会」が定期的に開かれていた海の幼児期、私にとって人生で最も苦しい時期はなお続いていました。海は薬でけいれん発作がコントロールされ、リハビリもうまく軌道に乗って、母子入園が終わった頃には「私たち親子の一番苦しい時期はこれで終わった」とも思えたものでしたが、そこから今度は「言語道断」と呼びたいほどの病弱との闘いが待っていました。

海は生来が明朗なタチで、元気な限り「さぁ、次はどんなイタズラをやっちゃろかい」と目をキラキラさせる楽しい子です。けれど、その元気が三日と続きません。しかも、自分で不調を訴えることができない海の異変は、親にはいつも唐突にやってくるのです。いま親をわざと困らせてケラケラ笑っていたはずが、ほんの二〇分ほど後に急にゲボッと嘔吐したり、気がつくと蒼白になっていて、びっくりして計ると高熱が出ていたり。風邪をひきやすく、ひけばすぐに気管支炎、悪くすれば肺炎というのがお決まりのコース。じりじりと判断を迫られながら家で様子を見たあげく、結局は総合病院の夜間救急に運び込み、点滴を受けながら検査の結果を待って、そのまま真夜中に緊急入院……ということも頻繁でした。いつ何が起こるか分からず、私たち夫婦にとっては毎日が緊急事態の連続でした。

二〇一九年に行った母たちへのインタビューの時、「どんな子育て期でしたか」という質問に一言「地獄」と答えた人が複数ありました。その言葉こそ使われずとも、語られた中身はそういうことだったのだなと感じられた人も多かったです。知的／発達障害のある子をもつ母たちが語ったのは、いつどこへ飛んでいくか分からない緊張感と行方不明の子を探し回る不安、いつパニックが起こるか分からない懸念といざ起きてしまった時の苦慮。一方で、いわゆる「重心（重症心身障害）」の子をもつ母たちが語ったのは、子どもの命を丸ごと我が身に引き受けて暮らす重圧と、そのための心身への負担だったように思います。私も当時のことを書いた著書で「あの頃の生活をもう一度繰り返せと言われたら、私は間違いなく死んだほうがマシだと答える」という書き方をしています。

ただ、子育て期を「地獄」と形容したいほどに私たち母親を苦しめたのは、子どものケア負担だけでありませんでした。これまで経験したことがなかった専門職との付き合いにも難儀したし、世間の障害に対する無理解や偏見にも傷つき、そのたびに気持ちを激しく揺さぶられては疲弊しました。そして、多くの母たちがなにより神経をすり減らしたのは、親戚や家族など身近な人たちの無理解や彼らとの軋轢だったのではないでしょうか。

インタビューで語ってくれた知的障害のある子どもの母たちは、ほとんどが舅や姑から「育て方が悪い」「しつけがなっていない」と責められたり、「うちの家系にはこんな子はいない」と言われたりした経験をもっていました。「あんまり理解を得られないので、仲良し学級の先生からおじいちゃんおばあちゃんに障害について話をしてもらったこともあったけど、分かってはもらえなかった」と言う人もいたし、両親が姑から「あんたら親が娘をちゃんと育てなかったから、孫が障害を負った」と面詰された辛い体験を明かしてくれた人もありました。

夫の無理解に苦しんだという話もたくさん聞きました。

「子どもが怪我をして病院で頭を一三針も縫って帰った時にも、帰るなり夫が言ったのは『ワシの飯は?』でしたよ」

「三歳の頃に通園施設に通わせたいと思ったけど、夫は『だめだ』の一言だった」
「夫に子育てのしんどさを訴えても『子育てなんて誰でも普通にやっていることじゃないか』という反応が返ってくる。むしろ、『おまえの接し方に問題があるんじゃないか？　この子がかわいそうだ』と批判的なまなざしを向けられた」

結果的に離婚に至った人もありました。

あまり目を向けられることはありませんが、障害のある子どもを育てている母親にとって案外に一番大きなストレスは、実は家族内のトラブルではないかと私は想像しています。どの家庭にも、普段は日常生活に取り紛れて隠れ潜んでいるけれど、大きなライフイベントでそれぞれのストレスが高まると表面化してくる根深い問題が潜んでいるものでしょう。重い障害のために手のかかる子どもが一人いることによって、それまでは日常に紛れて潜在していた種火がぼっと火を噴きます。嫁姑の間に問題が潜んでいた家ではそこから、夫婦間や親子間にくすぶっている問題があったらそこから、火の手が上がり家の中が修羅場と化すのです。

我が家では、私が自分の両親との間に根深い問題を抱えていたので、火の手はそこから上がりました。異常な号泣に夜通しに苦しんだ海の乳児期、そして三日と元気が続かないまま「寝ない・食べない・家から出られない・先が見通せない」子育ての四大苦に翻弄された幼児期、私にとって一番のストレスとなったのは過酷なケア負担以上に自分の両親でした。思い描いていたように孫と楽しく遊べる日がなかなか実現されない不満や孫への心配を自分で引き受けることができない人格未成熟な両親は、海が体調を崩すたびに責め立てることによって私を自分たちのストレスのはけ口にしました。こっちがたいへんな時に限って責めるのはやめてほしいと訴えると、「海が元気になればおまえが助かると思ってアドバイスしてやっているんじゃないか。そうやって人の善意を素直に受け取れないのは、おまえの性格が悪い」という話にすり替えられて、また責められて終わるのが常でした。

海が寝込むたびに、看病よりも親から責められるストレスに疲弊する私を見かねたB先生が、「僕から話をしてみよう」と私の両親と会ってくださったこともありました。お母さんは立派に頑張っている、海さんが弱いのは障害のせいでお母さんのせいではない、と一所懸命に話してくださいましたが、私の両親は「医師から呼ばれて説諭されている」という現実を否認し、最後まで「お世話になっている医師に挨拶にきた」というポーズを崩しませんでした。

重い障害があり子育て負担の大きな子どもがいる家では、家族のありようが根本から試されるようなところがあります。その結果、破綻すべきものが破綻し、崩壊すべきものが崩壊することは必ずしも不幸ではなく、救済や新生ですらありうるだろうと思います。私も、人格未成熟で虐待的な親に育てられ、成人後もずっと親の世話をさせられ続けてきた自分に少しずつ気づき、その後四〇代も終わりに近づく頃にようやく親との決別を果たしました。しかし、海を抱えて人生で最も苦しい年月を生き延びながらその問題と取り組み、決別を実現するまでの道程は醜い修羅場に満ちて、ほとんど命がけのような長く険しい道のりでした。

私のインタビューに応じてくれた母たちの子育て期にも、問題の形こそ違え、そんな修羅場がいくつもあったようでした。そしてそこには、重い障害のある子をもつ母ならではの、だからこそ専門職からも世間からも気づかれにくい大きな苦しみが隠されていたのだろうと想像しています。

どんな修羅場でどんなに精神状態になっても、たとえ本当は日常生活を送ることすら困難であっても、母親は子どものケアから逃げることができません。家族から投げつけられた心無い言葉が頭の中にどんなに執拗なリフレインを続けていようと、胸のうちに悔しさや怒りや悲しみがどんなに激しい渦をなしていようと、自分を無理やりに抑えて寝てくれない子を苦労して寝かしつけ、食べようとしない子どもになんとか食べさせ、決まった時間になれば飲みたがらない薬をなだめすかして飲ませ、こだわりやパニックに対応し、行方不明の子を探しまわるしかありません。そんな時、母親たちは揉め事のストレスと負担の大きな育児のストレスが互いに増幅し合う、とてつもなく消耗的な状況に身を置き続けていました。

それでも「辛い」とも「助けて」とも口に出すことができず、むしろ辛いと感じる自分を「母親のくせに」「私はひどい親なのでは」と責めてしまうのが母親です。自分を責める気持ちを抱えていれば、外に助けを求めることなど考えられなくなります。むしろ、さらに頑張り続けるしかないところへと自分を追い詰めるしかありません。どの人も、自分でも気づかないほど強固に封印された「助けて」という声を、心の奥深くに抱え込んで暮らしていた（いる）ことでしょう。

私も両親との確執が深まるにつれ、本当は「もうイヤだ！　これ以上耐えられない！」

という悲鳴が今にも噴き出しそうになっていました。それでもどうしても口にすることはできず、表面的には「子どものためにがんばる優秀な母親」を演じ続けていました。そして少しずつ心を病んでいきました。

「お母さん、本当は限界が来てしんどいんじゃないの？」と気づいてくれたのは、B先生でした。ある日、休日に先生に夫婦で呼ばれ、珍しく改まった話しぶりで切り出されたのは、リハセンターにある重心施設に海を入れてはどうかという提案でした。

「お母さんには自分が社会に向けてやりたいことが見えているんじゃないの。それなのに海ちゃんを育てることで精いっぱいで、身動きが取れないことに苦しんでいる。僕にはそんなふうに見えるよ。僕たちだっているんだから、僕たちに海ちゃんの子育てを手伝わせてほしい」

その言葉をくっきりと覚えています。社会に向けてやりたいこと……？　そんなの、自分でも気づいとらんかった……。

「施設に捨てた親だとか、世間の人はいろんなことを言うだろうね。でも、僕はお母さんにはそれを弾き返すだけの強さを持ってほしいんだよ。障害のある子は社会のみんなで育てていくべきなのだから」

もちろんその場で返事ができるはずもなく夫婦で悩み続けましたが、「お世話になった先生が、そこまで言ってくださるのだから」という「言い訳」を作ってもらったのだな、と今では理解しています。私たちが自力で海を施設に入れる決断をすることは恐らく不可能でした。あの時にB先生から手が差し伸べられなかったら、私か海のどちらか、あるいは両方が死んでいたと思います。

「お母さん、今までよう頑張ってきたね」

そう言ってくれたのは、B先生から紹介してもらって会った療育園の看護師長でした。

「これからは私たちがおるんじゃから、一人で頑張らんでもええからね。いっしょにがんばろうね」

涙がボロボロこぼれて止まりませんでした。あぁ、やっと許してくれる人がおった……。心に浮かんだのはその言葉でした。そして、それを意識すると同時に、今度は別のつぶやきが頭の中をよぎっていきました。

けど……私、なにを許してもらうんじゃろうか……。

この時に心に浮かんだ言葉と頭をよぎったつぶやきは、その後ものを書くようになり、さらにケアラー支援の啓発活動に関わるようになるにつれて、私の中で複数形の問いに形を変えていきました。そして今も、私の問題意識の土台であり続けています。

私たち母親はいったい、誰に、何を、許してもらわないといけないのだろう――。

第2部

親としてものを言う

1　初めての著書

初めて障害のある子をもつ母親として手記を出したのは、一九九八年の秋。海が一〇歳の頃でした。タイトルは『私は私らしい障害児の親でいい』（ぶどう社）。そのココロとして、表紙に本文の一節が小さな文字で抜かれています。

愛していることも間違いのない真実。けれど、しんどいことも紛れもない真実。どちらかだけではウソにしかならない。しんどくないふりをするのではなく、どちらも真実と認めていく。そこからしか〝柳の強さ〟は生まれない。そういうふうに考えてもいいのかな。ありのままの自分を肯定してもいいのかな。私がありのままの自分でいられることで、海にとってもいちばんいい母親でいてやれると思いたい。

「これは、著者が自分自身のために書かなければならなかったものなんですね」

生まれて初めて書き、何のツテもなく郵便で送りつけた原稿をすぐに読んで、会いたいと電話をくれたぶどう社社長の市毛研一郎さんは、向かい合って座るとそう言いました。言われてみれば、その通りでした。

親子が生き延びるために、B先生に道を作ってもらった施設入所を決めたはずだったのに、いざ海が施設で暮らすようになると、今度は「私は我が子を施設に捨てた親なのだ」という罪悪感と自責から、また死にそうになりました。両親との確執も依然として続き、その二重に苦しいところをなんとか生き延びようと、さまざまに足掻き続けた中の一つが、この本を書くことだったような気がします。ワープロ（当時はまだワードプロセッサーの時代でした）のキーボードに叩きつけられた怒りや苦しみは、その本の中の表現を使えば「ゴジラが火を噴くような」言葉になりました。

「この原稿を家に例えるとね、読者があなたの家を訪ねようと玄関のドアを開けたとたんに、いきなり著者がゲンコツで殴り掛かってくるみたいな、そんな原稿なんだよ。読者にすれば、せっかく興味をもって玄関を開けてみたのに、そんな家の中に誰が入っていって先を読もうと思うかい？」

市毛さんにそう言われたのを覚えています。具体的な指摘の数々までは覚えていませんが、「あとがき」によれば、最初に送った原稿を市毛さんは「数時間にわたってボロカスにののしり続け」、それは「よくもこれほど酷いことが言えるもんだとあきれるほど」だったようです。打ち合わせを終えて後、私は「神田の古書店街を幽霊のようにさ迷い歩いた」とも書いています。

それでも腹をくくって全面的な書き直しをする覚悟を決められたのは、それまで何の関わりもなかった見ず知らずの人が読んで「あなた自身が生きるために書かなければならなかったもの」と受け止めてくれたことに、大きく揺さぶられたからだったと思います。人生で初めて書いた、ただ書かずにいられないものを書き殴っただけの原稿が、誰かにそれだけのものを伝えてくれるなんて、思ってもみないことでした。受け止めてくれた口の悪いオッサンは、それでも「ここまで本当の気持ちを書いた人はいなかった」とも言ってくれました。ボロカスに言われ続けた数時間を思い返すと、あのオッサンはきっと一種のテレから露悪的にふるまいながら、実は「この原稿の『本当』の下にもっと『本当の本当』があるだろう、そこに手を伸ばせ」とけしかけてくれたのだなと納得されてくるものがありました。

全面的に書き直すのは、自分でも気がつかないフリをしていたかったことや、できれば手を触れたくなかった自分の中のより複雑な思い、そこにある弱さ、醜さなどに、思い切って手を突っ込んでほじくり返すような苦しい作業でした。そうして書き直した原稿を、市毛さんはそのまま本にしてくれました。「私は私らしい障害児の親でいい」というタイトルも自分で考えたものです。「美しく献身する障害児の母」神話を押し付けてくる社会に向かって挑戦的に啖呵を切ってみる身振りでもありますが、実際には自分自身に向かってこれを必死で言い聞かせていたのだなと、今の私には分かります。

全面書き直しを経てもなお、あまりに生々しく暴力的な本です。無理解な専門職を辛辣にののしり、差別意識に満ちた世間を呪い、海の子育ての過酷について、両親の仕打ちについて、施設入所の決断に至るまでの葛藤について、ぶちまけています。今は敢えて読み返したいとは思いません。けれど一方で、あの時の私にはこういう表現をする以外になかったのだということも、今なら分かります。

誰にも分かってもらえない思いを積み重ねてきた人が、どうせ聞いてもらえないだろう溜まり溜まった思いを、なにがなんでも吐き出すしかなくなった時、その人は怒りのエネルギーを借りて声を張る他に方法を持ち合わせていないのだと思います。アリシア・ウーレットというアメリカの法学／生命倫理学者は、障害のある人たちの運動が主張の声をあげる際の激しい表現を「怒りの話法」と呼びました。

長年にわたって孤立感と疎外感を味わいながら生きてきた障害学者や障害者運動の活動家たちは、**その声を聞いてもらうためには大声で叫んでこざるを得なかったのだし、そういうときでさえ彼らが受けるのはけっして歓迎ではなかった**のだ。（ウーレット『生命倫理学と障害学の対話』七五頁　太字は児玉）

ウーレットは障害当事者について書いていますが、私たち親も当事者ほど見えやすくないだけで、同じところに身を置いてきました。「ものの言い方が悪い」とか「対立的だ」と非難されますが、「悪くない言い方」や穏やかな口調で言ったのでは、強い側にいる人たちには届かなかったり、届いても聞き流されたり、軽くいなされて終わってきたのですから。それでも聞いてもらわなければ困るのだと、我が子のためにさらに声を張れば、「やっかいなモンスターペアレント」だとか「人権ばかり主張する親」などのラベリングをされてきたのですから。

2　褥瘡

重い障害のある我が子のケアに専門職の手を借りるようになると、どうしても自分のケアとの差がさまざまに目につき、こういうことはやらないでほしい、もっとここをこうしてやってほしい、と親たちは「言いたいこと」を際限なく抱えこみます。

「重症児者」と呼ばれる人のケアで言えば、たとえば、まだ口の中に食べ物が残っているのに次の山盛りの一さじを押し込まないでやってほしい。本人と会話しながら、楽しい「食事」になる介助をしてやってほしい。食後の歯磨き中に他の職員から話しかけられた時は、歯ブラシを動かしながら手元から目を離して話をされたら危険だから、歯ブラシをいったん口から出してからにしてほしい。車椅子に乗せる時に、シャツがたくし上げられて背中でよじれていたり（そのまま座っていると痛くなる）、パンツが座面に引っかかって膝から下が剥き出しになっていたりする（季節によっては寒い）ので、乗せた後で直してやってほしい。車椅子のリクライニングは、背後から近づいて声もかけずにいきなりではなく、本人が心の準備ができるように「倒すよ」と声をかけてからにしてほしい。無言でいきなりパンツを引きずり降ろしてのおむつ交換は、あまりに尊厳が感じられないので、やめてほしい。陰部はもう少し丁寧に拭いてやってほしい。身体の向きを変える時には、モノのように乱暴に転がすのではなく「横を向こうね」「上向きに戻るよ」と声をかけながら、優しく扱ってやってほしい……。

こういう話をした講演後に、ある施設の施設長さんが「うちの施設では、そういうことは一切ありません」と胸を張られたことがありますが、親たちにこの話をすると一斉に顔の前で手を振ります。

「いやいやいや。あるよ、ある」

「ないわけない」

「むしろ、そんなことを言う施設長の意識が恐ろしい」

「そうだよね。やりがちなことだから気を付けないと、と思ってもらえる方がありがたい」

ケアはそれほど、どこの現場でも容易に機械的「業務」や「作業」に転じやすく、それは入所施設に限りません。「どんなに重い障害があっても地域で暮らす」という理念を高らかに掲げる事業所から派遣されたヘルパーが、在宅生活の医療的ケア者のケアを何時間もひたすら無言でこなし続けるのを見て、驚いたこともあります。入所施設に子どもを託している親たちだけでなく、在宅で支援を受けながら我が子のケアをしている親たちも、ヘルパーを利用して「自立生活」をさせている親たちも、みんな多くの「もっとこうしてやってほしい」を飲み込んでいるはずです。

もちろん誰もが何度か「お願い」はしました。お願いすれば、もちろん聞いてもらえます。対応もしてもらえます。それで改善されたことは多々あります。それくらいのことを言ったからといって「モンスター」扱いされないだけの信頼関係もできています。

でも、こうした日常のケアにおいて起こりがちな大半のことは、残念ながら時が経ち職員が入れ替わるとまた同じことが起こってしまいます。また逡巡のあげくに再度のお願いをし……ということが繰り返されて、親たちは少しずつ、この程度のことは「我が子を他人の手にゆだねること」の中に織り込むしかないのだと学習してきたのではなかったでしょうか。

実際は親にとっては「この程度のこと」となかなか思い切れない、いずれも日にするたびに本人の痛みや不快を思って胸が痛む場面なのですが、一方で、人間というものも現場というものもそう単純ではありません。部分的には粗雑な介助をする人が、別のところでは個別に温かい気配りができる良いスタッフであったり、明るい雰囲気づくりに欠かせないキーパーソンだったり、案外に人権意識に裏付けられた提案を繰り出してくれる人だったりするのが人間の複雑なところです。また長い付き合いの間には、人員不足が深刻で資質や意識の低い人も使っていかざるをえない現場の事情も見えてきます。せっかく来てくれた人に快く働き続けてもらうためには、負担をかけにくい、強く指導もできにくい上の立場の苦悩も伝わってきます。

そうして、「この程度のこと」の一つ一つを気に病んでいたのでは他人の手に我が子を託すことなどとうていできない現実を、親たちも体験的に知り、わきまえてきました。数えきれないほどの「本当はもっとこうしてやってほしい」を飲み込みつつ、おおむね温かく行き届いたケアをしてもらっていることに、親たちは本当に感謝しています。

それでもなお、そういう次元とはまた別のところに、どうしても超えることができない「へだたり」があるのです。お願いしていることがどうしても「向こう側」に届いていかない。聞いてもらえない。なぜ分かってもらえないのだろう。でも、もうこれ以上に言っては関係がこじれてしまいそう……。だから、歯ぎしりしながら、それ以上の言葉を飲み込むしかない……。そんな、私たち親と専門職との間に厳然と横たわる「へだたり」――。

海の耳にできた褥瘡をめぐって「どうして分かってもらえないんだろう、なぜもう少し気にかけてもらえないんだろう」と悩み続けた体験を書いてみようと思います。

寝たきりの重症児者「あるある」の一つが、耳の褥瘡です。側臥位をとる時や車イスで頭を動かす時に枕やヘッドレストの間で耳が「二つ折り」になるため、耳の上部の「折れ目」のところが傷になりがちなのです。海も左耳にできてしまいました。

最初は針で突いたような、傷とも呼べないほどの小さなものだったのですが、だんだんと「傷」という言葉にふさわしい様相を帯びてきました。施設では気づいてもらえていないようだったので、最初はさりげなく「耳の傷がひどくなっているのでリンデロン軟膏を塗りました」と連絡ノートに書いてみました。週末の帰省からの帰園時に詰め所で対応してくれる看護師さんに傷を見せて、「耳の傷がひどくなっているので、すみませんが様子を見てやっていただけませんか」などとお願いし、まもなくリンデロン軟膏を塗ってもらうようになりました。

それでも、はかばかしく改善せず、良くなったり悪くなったりを繰り返しながら悪化していきます。確かに、もっと深刻な医療的な問題をさまざまに抱えた五〇人もの入所者全体から見れば、そんなのは「大したことではない」のです。でも傷は痛いですから、親にはそれが気がかりです。迎えに行って、真っ赤にただれていたり血が出て固まっていたりすると、「耳がどこかに当たるたびに、なんぼか痛かったじゃろうに……」と自然に言葉がこぼれます。「あんた、痛かったねぇ」と言いながら顔やら腕やらあちこちを撫でさすってやらずにいられません。

また連絡ノートに書いてみたり、帰園時に相手により言葉を変えてお願いしたりするうち、ある週末、迎えに行くと耳の傷の上に保護剤が貼ってありました。寝たきりの人の仙骨等のあたりにできる褥瘡の保護用に作られたシートを、耳の傷サイズに小さく四角に切ったものです。ようやく対応してもらえたことが嬉しく、「ありがとうございます！」。深々と頭を下げてから娘を連れて帰りました。

全国各地の母親仲間に聞くところでは、よその施設でも同じように軟膏と保護剤を小さく四角に切ったものとで対応されるようです。決して、娘の施設の対応が間違っていたわけではありません。

しかし、その保護剤、実際には娘の耳の傷には却って「凶器」と化しました。耳の上部といえばコリコリと硬く内側に丸まって、「ものを貼り付ける」のに不向きな形です。もちろん、看護師さんだって細心の注意で貼ってくれるのですが、頭が動くたびに「四角い保護剤」はこすれて少しずつ丸まります。やがて「肌色の小さな硬い巻物」となって傷の上に鎮座。顔で押さえつけられるたびに「巻物」はしっかり貼り付いていく。こともあろうに「保護」されているはずの傷の真上で……。

これでは本人もさぞ痛かろうし、まるで顔を動かすたびに傷を刺激して悪化させようしているようなものだと思うのですが、週末に迎えに行くたびに「保護剤が出ていますから、小さく切って耳の傷の上に貼ってください」と渡されます。「でも、これ、却って『凶器』になってしまうんですけど……」と説明しようとしても、「褥瘡は保護剤で治療するものなんですよ」と、上から目線で「指導」されてしまいます。

もしかして、医療職の思考回路って「海さんの耳の傷は褥瘡」⇒「褥瘡には保護剤が有効というエビデンスがある」⇓「海さんの褥瘡には保護剤を処方した（貼った）」⇓「有効な治療をしている」で停止しとるんじゃないかね？　そのために、貼った後の保護剤がどういう状態になっとるかに目が向かんのじゃないんかね……？

しかし専門職と向かい合う時、私たち親はいつも「知識があって、分かっている私たち専門職」vs「知識がなく、分かっていないあなた」という構図の後者に位置づけられてしまいます。それが、私たちがいつも感じる「へだたり」の正体の一つなのだよなと、このとき私は気づきました。が、親がそんなことを洞察してみたところで、海の状況をどうにかしてやれるわけではありません。

ほんま、どう言うたら、分かってもらえるんじゃろうか……。

保護剤は、家では貼りませんでした。その代わり、テレビや食卓の上の食事など本人の注意が向いている対象と、布団や車イスの位置関係を考えて、なるべく傷のある方の耳を刺激しない角度を工夫しました。ネットで「耳枕」なるものを見つけましたが、娘は素直にそんなものを当てていてくれるようなタマではありません。他には、寝る時も傷のあるほうの耳をなるべく顔の下に敷かない姿勢になるよう気をつけて、家にいる週末の二～三日で傷は大きく改善します。ところが五日後に迎えに行くと、前の週よりもさらに悪化して真っ赤にただれていたり、噴いた血が固まっていたり。その繰り返しで、どんどん悪化していき、ついにはU字型に穴が穿たれてしまいました。

そこで思い切って、「もう少し良くなるまでの間だけでも、ポジショニングの工夫をしてもらえないでしょうか」とお願いしてみたのですが、「軟膏は塗っています。保護剤も貼って治療しています。申し訳ありませんが、これ以上、私たちにできることはありません」。

ふうん……。ほんまは「生活の中のケア」にできることというものが、いろいろあるんじゃけどね。生活の中には親の「知恵」というものも、あるんじゃけどね……。

でも「これ以上できることはありません」と言い切った看護師さんの口調と顔つきには、「ちゃんと治療しているのに、何が不満なのか、うるさい親だ」という反感が滲んでいて、親の立場からそれ以上は言えません。そもそも「これ以上できることはありません」とは、どこの病院でも施設でも頻繁に耳にする「拒絶」の常とう句です。自動添付される「申し訳ありませんが」の枕詞も含めて「私たちはこれ以上、取り合うつもりはありません」と言い渡し、相手を黙らせる目的で発せられる言葉です。

医学の専門性という錦の御旗のもとに「治療」によって傷を悪化させられていく娘が不憫でなりませんでしたが、帰省中にできる限り治してやり、次の週末まで悪化しないよう祈ってやることしかできませんでした。

もちろん、こうした状況がスッキリとした解決に至らないまま引きずり続けるしかないことも、ついには諦めざるを得ないことも沢山ありますが、この一件にはやがて転機が訪れました。ある時、海が風邪を引いて寝込み、付き添っていると、たまたま看護師さんが耳の保護剤の交換に来たのです。しかも、その人はとりわけ優しい看護師さん。チャンスです‼

「あのぉ、この保護剤なんですけど、ちょっと見てもらえますか。ほら、こんなふうに傷の上で丸まってしまっていますよね」と見てもらい、「せっかく貼ってもらっても、これではむしろ傷を刺激して悪化させているようなものだと思うんですけど？」と言ってみると、「あら……。そういえば、そうですね」。やっと理解してもらうことができました。

その後、海が元気になった頃、師長さんから「家ではどういう工夫をしているのかを知りたい」という話があり、看護職と支援職の担当も交えて、耳の傷を刺激しない生活上の工夫を検討する場が設けられました。居室のフロアに母親が色んな格好で寝そべっては、家での位置関係は、ここがテレビで、海はこういう位置でこっち向きで、ポジショニングのクッションはああでこうで……と奮闘した甲斐があって、めでたくベッドの位置が変わり、ポジショニングも見直してもらうことができました。

数日後に娘の担当の看護師さんがデイルームで他のスタッフに「海さんに車イスでテレビを見せる時には、テレビが右側になる位置で」と声かけをしているのを見た時には、親が言わんとした「生活の中でのケア」を分かってもらえたんだなぁ……と、しみじみ嬉しさがこみあげてきました。

まもなくU字型に穿たれていた穴はふさがり、傷は今も完治こそしていませんが、あの頃のように、ただれたり血を噴いたりするようなことはなくなりました。ほとんど「針の先で突いたような」サイズに戻っています。

2

おっかさんナース

海の褥瘡をめぐってすったもんだした数か月の経緯の中で、一人だけ、傷を見るや「かわいそうに」と大声を放ってくれた看護師さんがいました。ずっと昔、海の幼児期にもお世話になった年配の人です。他所の施設に異動になって久しかったのですが、しばらく前に戻ってきた現場の最高齢。ちょっとレトロな感じを漂わせる「おっかさん」タイプの看護師さんでした。

その人が、帰園時に詰め所で熱を測ってもらった後で「しつこくて申し訳ないんですけど、耳のここのところが……」と娘の髪の毛をかきあげて見せると、覗き込むなり叫んだのです。

「ありゃ〜、かわいそうに！　あぁ、こりゃぁ痛いねぇぇ」

え……？　一瞬、きょとん、となりました。これまで、同じものを見せ続けてきたのに、もうそんな反応など期待もしなくなっていました。次の瞬間、涙がこみ上げました。なんで分かってもらえんのじゃろう……と繰り返すたびに砂漠みたいに干上がっていく心に、いきなり温かい湯を浴びたかのようでした。じわん、と泣けてきます。私がずっと、分かってもらいたかったのは、これじゃったんじゃ……。

温かくほぐされて、少し平らになった気持ちで、ぐすんと鼻をすすって見やると、「おっかさん」もすっかり年を取っていました。当たり前です。前にこの人がいた頃から二〇年以上が経ちました。

この人との一番の思い出は、海が六歳で入園して間もなく例によって寝込んだ時に、ゆっくり、ゆっくり、時間をかけて、指で大量の便を掻き出してくださった日のこと。

午後の日差しが明るい、芳香が充満する部屋で、海に声をかけながら、母親とも他愛無い話をしながら、の〜んびりと少しずつ、ほじ、ほじ、ほじ、ほじ……。やがて、その手元にてんこ盛りになったブツは、まるでゾウかウマのじゃないかと見まがうほどに大量だったこと。それを「ほ〜ら、こお〜んなに取れたよぉ」と嬉しそうな笑顔で持ち上げて見せるこの人の「取れた」が、まるで大量のカボチャの収穫でも自慢する「採れた」に聞こえて、可笑しかったこと——。

誰もが時間に追われて忙しなく立ち働く今の現場で思い返す、そんな懐かしい「ゆっくり」「のんびり」は、すっかりセピア色になってしまいましたが。

3　バトル

前の章で書いた褥瘡をめぐる葛藤にも明らかですが、福祉施設でありながら病院でもある重症児者施設には、宿命的に医療と生活のせめぎあいがつきまとっています。病院であることによって、職員が医療職を上位、福祉職を下位に置くピラミッドに位置づけられてしまい、「多職種連携」も「チーム・ケア」も本当の意味で実現されにくい面もあります。概して福祉職は医療職に比べ、障害のある人の人権への意識を教育課程ではるかにしっかりと身につけていると感じる場面が多いのですが、福祉職の専門性が充分に発揮されにくい、少なくとも医療職が理解できて許容する範囲でしか発揮できない構造的な問題があることも課題のように思います。

重い障害のある人のケアにおける「医療」と「生活」のせめぎあいは、ものを書くようになってから私の問題意識の中核をなしてきました。そうした問題意識の文脈からも、またこれまでの章に書いてきた「親がものを言うこと」における私の「信頼」という観点からも、最も大きな「原点」となった「闘い」について、書いてみたいと思います。初めての著書『私は私らしい障害児の親でいい』を出した翌年のできごとでした。

海が入園した時の療育園は、それまで重心の人たちも同居していた肢体不自由児施設から独立する形で創立されて二年目。新しい施設を立ち上げた職員は高い理想に燃え、熱意に満ちていました。私に「これからは一緒に頑張ろうね」と言ってくれたのが初代師長です。数年前にご自身が夫を病気で亡くした人で、子どもたち一人ひとりのことだけでなく、親や家族にも温かい目配りがありました。いつも「この人たちは、自分の意思でここで暮らしているわけではありません。そのことを忘れずに、この人たちの人権を大切に考えましょう。みんながゆったりと生活できる場にしていきましょう」と、ことあるごとに職員に力説するような理念の高い人でもありました。

もちろん前の章に書いたような細々としたケアを巡って思うところは多々ありましたが、親たちは職員を信頼し、子どもたちも温かなケアを受けながら楽しく暮らしていたように思います。「何かあったら師長さんに話せば大丈夫」と多くの親たちが感じていられた安心感は、しかし永遠に続くものではありませんでした。人事異動で師長が変わると、現場の雰囲気がゴロリと変わります。医師は施設に「いる」わけではなく、外来をはじめセンター内の多様な役割を担いながら必要に応じて療育園に「くる」存在にすぎず、現場は「師長の王国」なのです。

二代目師長は、看護計画を書かせたら右に出る者がいないキレモノという評判でしたが、ものすごく管理的な姿勢の人でした。福祉職や学校の先生が個々の子どものためにと、おずおずと口にしてみる提案を、聴く耳も持たず医療の権威で一蹴する強権的なところもありました。

現場とは不思議な生き物のようなもので、師長の人柄がおのずと雰囲気に滲み出ていきます。「師長の王国」である所以でしょう。その年、職員がだんだんと事務的に働くようになりました。無言の食事介助。無言の着替え。デイルームはいつも静まり返っていて、口から食べていた人たちが次々に胃ろうにされていきました。学校や日課での活動にも制約が増えていき、子どもたちもストレスから様子がおかしくなってきました。そして親たちの間から心配の声が漏れ始めた頃、私の耳に驚くべき話が飛び込んできました。子どもたちが夕食後から長時間ベッドに閉じ込められているというのです。夕食後は消灯時間までデイルームで思い思いに過ごしていたはずの子どもたちが、親には一切知らされないまま、夕食後の夕方六時からベッドに入れられていたのです。

すぐに師長と談判しましたが、「子どもたちの健康と安全のためです。間違ったことをしているとは思いません」とニべもありません。続いて園長と面談し、あまりの温度差に愕然としました。「夕食後にベッドに入れるようになってから仕事がはかどるので、職員が喜んでいる」と師長から園長に報告が上がっていると聞き、そんな師長の姿勢にも、それをよしとして親に話す園長の意識にも愕然としました。いくら話してもラチが明かず、とうとう部屋の隅に置かれていた小児科の柵付きベッドを指さして、

「じゃぁ、どんな気がするものか、園長自身があそこのベッドに一二時間ずっと入ってみてくださいよ!!」

涙とツバを飛ばしながら怒鳴ったのを覚えています。結果的に、その怒声は「師長&園長のタグ・チーム」vs「母親一人」のバトルのゴングとなりました。

いったい療育園では何が起こっているのかと状況を聞きまわるうち、他にも親に知らされていないことがいろいろと分かってきました。子どもたちに起きている異変は思っ

た以上で、ストレスから人により胃痛や円形脱毛や精神不安定が生じていました。さらに目を剥いたのは、ある子が柵付きベッドから転落したのに、師長がその場で緘口令を敷いて家族に連絡もしていないという事実――。療育園は複合施設である県立リハビリテーションセンターの一病棟のような位置づけですが、この出来事はおそらく県リハの上層部にも報告されていないと思われました。なんだとぉ――？

この師長は子どもたちにとって危険な存在になってしまっている、これ以上放っておくことはできないと思いました。そして行動を起こした私は、あっという間に園長と師長の情報操作で理不尽な「モンスター」に仕立て上げられ、療育園は大騒動となりました。

この師長さんが着任時に、挨拶した私に言った言葉を今でも覚えています。

「親がものを言うのは子どものためですから、当たり前のことです。私も我が子のことでは学校の先生たちに親の思いはきちんと伝えることにしています。今はそういう時代ですから、いつでも何でも言ってくださいね」

今はそういう時代ですから、親にこういうことを言ってくれる専門職は多いです。が、それを真に受けて本当に言ったとたんに、待っているのは「モンスター」認定だというのも、「障害のある子をもつ親の体験あるある」の一つでもあります。

それでも大騒動になると、陰では師長をののしっていた親たちや、最初は一緒に行動していた親たちも、一緒にされてはたまらないとばかりに身を引いていきます。この人ならと思う親仲間に声をかけたら、「あなたね、やるのはいいけど、やるなら上手にやりなさいよ」と上から目線の説教を食らって、廊下に置き去りにされたこともありました。立ち尽くして呆然と見送るしかなかった時の気持ちは今なお言葉になりませんが、遠ざかっていくその人の後ろ姿は、鮮明な像として記憶に刻まれています。

仕方なく一人で暴れ続けて、すったもんだしていたら、やがてリハセンターのトップである所長（整形外科の医師）が会いたいと言ってきました。

ふむ。厄介な親を丸めこみにかかるつもりじゃね……。

約束の日、いつも傲岸な印象の所長は、私の予想通りに妙にソフトな低姿勢で現れました。それでも私はある種の「社会的バカ」なので、どんな時でも「まっすぐ」しか知りません。その日もやっぱり、ひたすら「まっすぐ」にしゃべりました。すると、それ

までテキトーに聞き流していた所長が少しずつ真顔になり、やがて黙り込みました。押し黙ったまま最後まで話を聞くと、

「あんたの言うとることは、ただのモンクじゃないのぉ。もっと本質的な問題じゃ……」

しばらく唸った後で、

「ワシは今日あんたをなんとか丸めこもうと思うて出てきたんじゃが……。分かりました。センターとして対処します。ただ、その方法を考えなければならない。時間をください」

職員への事情聴取が始まりました。私も事務局長に呼ばれ、育成課長とも総看護師長とも会って話をしました。私にとって一人で闘うための唯一の武器は「書く」ことだったので、膨大な文章を書いては手紙やファックスで所長をはじめ多方面に訴え続けてい

ると、しばらくして所長から電話がありました。

「書きものにされると、ワシは立場上さらに事情聴取をせねばならない。これから先は、手紙やファックスは止めてくれんか。その代わり、あんたが会いたいと言えばワシはあんたとはいくらでも会う」

実際、所長室で二人で何度も会いました。当時ヘビースモーカーだった私は、私の倍くらいヘビーだった所長と二人で広い所長室の空気を灰色に煙らせながら渡りあいました。本来なら利用者家族には言えないはずだろうことまで打ち明けて聞かせてもらったし、意見を求められて思う通りを話すと、「これはこういう理由ですぐにはできないが、これはやります」と誠実に応じてもらいました。

一方、師長により情報が操作された現場では、海を帰省明けに園に連れて行ったら看護職員が誰ひとり出てきてくれない日もありました。その日、園内の空気を察知したB先生は、我々親子がいつも帰園する時間に療育園の玄関前で、他に用がありげに装っていることがミエミエの不器用さで待っていてくれました。

心細くなって「先生、私たち親子は、ここにはいられなくされていくんでしょうか……」と、不安を口にした日もありました。B先生は「お母さん、うちは県立の施設だからね。そんなことは絶対にできない。お母さんは間違ったことを言っているわけではないんだから、堂々としていればいい」と断言してくれました。

電話をかけてきて「みんなに向けて書かれた手紙を読みました。お母さんにこんな手紙を書かせてしまって、ごめんなさい」と泣いてくれたのは、療育研究会のメンバーだったセラピストでした。別の施設に異動になっていた昔馴染みの看護師さんが、「噂でいろいろ聞いて、お母さんが心配でたまらなかったから」と、いきなり家まで訪ねて来てくれた週末もありました。

語り尽くせないほどたくさんのことがあり、関係者は誰もが深く傷つきましたが、次の春、師長は異動となり、親たちが望んだとおり初代師長がまた戻ってきました。療育園では上からの指示を受けた園長による改革が始まりました。そして、新体制がスタートする直前に事務局長から呼ばれた私は、職員研修の一環として「このたび訴えた親としての思いを、直接自分の言葉で職員に語りかけてほしい」と講演依頼を受けました。「所長も承知していることです。内容については、何を言ってもらっても一切構いません」

ぶどう社の市毛さんに報告すると、「そんな講演会を企画してくれるような事業所は他にありませんよ。賢く話しなさいよ」と言ってもらいました。研修の前の晩にはB先生から激励の電話がかかってきました。

その研修には一〇〇人を超える職員が参加し、語り終えた時には温かい拍手を送ってくれました。その拍手が、長いバトルのピリオドとなりました。

それから一〇年ほどが経った頃でしょうか。古い友人と久しぶりにランチをした時に、思いがけないエピソードを聞きました。友人のおつれあいは、あの当時センターの医療に外部から関わりのあった医師です。その関わりの関係で面談した時に、所長が「いま療育園で、とても頑張っている保護者がいる」と言ったのだそうです。「わしはこの人の言っていることは正しいと思う。だから、わしはその保護者の味方になろうと考えているんだ」と。

え……？　所長がそんなことを……？　虚を突かれ、ジンと涙ぐんでしまいました。

確かに、あの騒動の間ずっと所長が私の一番の理解者、最強の味方でした。

あの頃はよく会っては、ヘビースモーカー二人で所長室の灰皿をてんこもりにしたものでした。が、所長室に行くのは呼ばれた時だけで、私から連絡を取ることはしませんでした。「いくらでも会う」と言ってもらった者なりの節度のつもりでした。騒動が終盤にさしかかって所長と会うこともなくなったある日、外廊下のはずれにある喫煙所でタバコを吸っていたら、偶然そこに所長が通りかかったことがありました。「おう」と私に気づくと、ついぞ見たこともない柔和な笑顔を振り向けて、

「そこは寒かろうが。……わしの部屋にも灰皿はあるぞ」

冬の透き通った日差しの中、それだけでたくさんのものが通い合ったあの瞬間は、私の人生の宝物のような記憶です。

友人から「秘話」を聞かせもらった頃には高齢の所長は体調を崩しがちになっていて、それから数年後に亡くなりました。大きな人を喪って、一つの時代が終わったという感じがしました。傲岸な面もありながら、多くの職員に心から慕われる不思議な人でした。

いま私は、変わっていく時代の空気に不安が募る時、ものを言って思わぬ敵意を向けられ戸惑う時、心の中で所長に問いかけてみたくなります。

これから重い障害のある人が生きていく時代にも、まだ所長のような人がいてくれるでしょうか。私はずいぶん前にタバコと縁を切りましたが、「厄介な親」のための灰皿が、まだその世界に残されているでしょうか。

3

コーヒー

前の章で書いたバトルの前半、所長との面談で好転する前の、事態がまだ大荒れだった頃のできごとです。

私が批判していたのは師長と園長であるにもかかわらず、現場では「コダマが『現場の職員が無能だ』とセンター上層部に訴えている」というウソがばらまかれたので、看護科職員からは露骨な嫌がらせがいろいろありました。海を帰園させた時に看護科職員が誰も出てこなかった他にも、発熱した海に付き添っていたら「早く帰れ」といわんばかりの嫌味を言われたり、ここに書くのが憚られる出来事もいくつかありました。そんなあからさまな敵視を受けていた頃の、ある日の午後――。

体調を崩した海のベッドのそばに付き添っていると、一人の看護師さんが部屋の入り口のところにやってきました。師長は私の前にはまったく出てこなくなり、看護師さんたちが滅多なことでは寄り付かなくなっていた頃です。入ってくる様子もないので、私はちょっと警戒しました。

「あのーぉ……」

その人は間延びした小さな声で言い、いつものうつむきかげんのまま、ためらっているふうでした。

テキパキしたタイプではなく、他のスタッフからなんとなく粗略に扱われている気配のある人です。でもまさか今の状況を知らないはずはなく､いったい何を言われるのだろうと､私は警戒を深めました。

「あのぉー、わたし……」

また少し言い淀んだ後で、その人は思い決めたように顔を上げて、一息に言いました。

「これから休憩に入るんですけど、それで、これからコーヒーを入れるんですけど、お母さんも、よかったらいかがですか？」

この人がこんなにたくさんの言葉を一度にしゃべるのを聞いたのは初めてでした。しかも、こんなスピードで……。びっくりして、すぐには言われたことが頭に入ってきませんでした。

「あの、コーヒー。私のついででよかったら一緒に入れてきますから、飲まれませんか？」

え……？　そんなの、考えてみたこともありませんでした。

「え。わ。そんな。いいんですか。あ、ありがとうございます。じゃぁ、ぜひ！」

慌てて答えると、にこにこっと嬉しそうに笑って「すぐ持ってきますねっ」。そのまま身体を翻して、バタバタと廊下を消えていきました。

いつも存在感が薄く、無口で、無表情に働く人でした。そっかぁ、あの人、あんなにきれいな笑顔をする人じゃったんかぁ……。

海はしょっちゅう体調を崩したし、私はそのたびに詰め所の奥の部屋でベッドサイドに泊り込むのが常で、そんな時に夜勤の看護師さんから休憩時のコーヒーとお菓子をお裾分けしてもらったことは何度かありました。病院と違って日ごろから関係の深い施設ならではと感激し、同じ「仲間」として扱ってもらったようで嬉しかったものでした。でも今は昼間で、なによりこの状況下です。園内の冷たい空気に身構えていた心に、その人の気遣いは温かく沁みていきました。

その人はしばらくしてコーヒー・カップを手に戻ってきて、テーブルに置くと、一歩下がってから、

「あの、私も子どもが二人いますから。お母さんのお気持ち、よく分かります」

言葉が出ませんでした。ただ泣けて、泣けて、黙って頭を下げました。

「コーヒー、ゆっくり飲んで下さいね」

看護師さんはそう言って、今度は静かに休憩室へ戻っていきました。

第3部　親の立場からものを言う

1　アシュリー事件

前の二つの章で書いたバトルは、初めての本『私は私らしい障害児の親でいい』を出した翌年、一九九九年から二〇〇〇年にかけての出来事でした。

その後、二〇〇二年に二冊目の手記『海のいる風景——障害のある子と親の座標』（三輪書店）を出した時、私の文体は一冊目よりははるかに穏やかなものとなりました。一番大きな理由は、あのバトルを経たことだったように思います。ものを言い、それが届いた体験を経た二冊目の手記では、文体が穏やかになっただけでなく、専門職への疑問や思いは率直に書きつつも、自分の中にある悲しみや苦しみと向かい合おうとし始めているようでもあります。

この時にはまだ気づいていませんでしたが、二冊目を書いたことは私にとって「重い障害のある子の親であるということはどういうことなのか」という問題意識の芽生えとなったように思います。旧版が一〇年後の二〇一二年に生活書院から新版として再刊された時、副題を『重症心身障害のある子どもの親であるということ』とした所以です。

『海のいる風景』旧版と新版の間にあった一〇年という月日は、海が中学生だった思春期から大人の女性へと成長していった時期に当たります。思春期の終わりから身体ががっしりしてきて、前ほど頻繁には体調を崩さなくなりました。そうかと思えば、腸ねん転を起こして総合病院へ転院・緊急手術となるような気の抜けないところもまだあったし、またこの時には、障害に無知・無理解な一般の医療現場の残酷を子も親も思い知らされもしました。それでも、別々に暮らして週末を共に過ごす親子の生活がそれなりのリズムで落ち着いていった時期でした。この時期の終わりのあたりで、重い障害のある子の子育てにも「一段落」というものはあるのだなぁ、と感じたことを覚えています。

療育園では初代師長が定年となり、B先生は他の施設の園長となって去り、園長もセンター副所長となって現場を離れました。園長が替わった時に挨拶のメールを入れたら、「あの時に自分は一人の小児科医から園長になれたと思う。だから、あなたのことは恩人だと思っている」と返事をもらいました。

世の中は政治的な変動が大きな時期でした。人々が郵政改革の「コイズミ劇場」に熱狂する中、日本中の障害のある人たちと家族、関係者は、この先いったいどうなっていくのかと不安に駆られながら「障害者自立支援法案」のゆくえを凝視していました。

少しずつ法案の内容が明らかにされていく中、ある段階で公開された自己負担額の計算方法で試算してみると、海の入所費用が月に一一万円と弾き出されて、真っ青になったことがありました。払えるはずもありません。せめてもの対応策として、私たち夫婦は預貯金額をゼロにする悲壮な覚悟を決めて、家のローン残額を繰り上げ返済しました。実際には、その後の紆余曲折によりそんな金額にはならずに終わったのですが、この時の「政治が本気で障害児者を切り捨てにかかってきた！」という危機感には、それほど切迫したリアリティがあったのです。それもそのはずでした。その切り捨ては、その後も今に至るまで素知らぬ顔で粛々と進められ続けているリアルなのですから。

海の親としても否応なく政治や社会に目を向けざるを得なくなっていったその頃、仕事でも視界に入る範囲が広がっていきました。旧版の『海のいる風景』を機にフリーライターのまねごとをするようになり、介護関係の現場や学会やシンポの取材を通して医療と福祉の動向が見えるようになりました。また二〇〇六年に介護関係の雑誌で「世界の介護と医療の情報を読む」という連載を始めると、インターネットでのネタ探しを通じてさらに目が世界へと拡がっていきました。『海のいる風景』の旧版と新版の間に流れた一〇年間は、それまで自分たち親子の周辺と自分の内側にだけ向いていた目が、政治や社会へ、国外へと、広く外に向かっていった時期であり、また書くことが、自分が生き延びるために必要な行為から、社会的な意味をもつ行為へと変わっていった時期でもありました。そして、そこにはその後の私の人生を大きく方向づける出会いがありました。アシュリー事件です。

アシュリー事件とは、二〇〇四年に米国の重症心身障害児アシュリー（当時六歳）に親の希望により行われた医療措置とそれをめぐる議論等を言います。アシュリーは手術によって健康な子宮と乳房を摘出され、その後ホルモンの大量投与によって身長の伸びを止められました。親が希望した理由は、おおまかに言えば「どうせこの子は子どもを生むことも育てることもないのだから、子宮も乳房もこの子には無用。普通の社会生活を送るわけではないのだから背の高さにも利点はない。それなら無用なものはなくしてしまえばいい」という、しごく合理的なものでした。翌二〇〇七年に両親が世界中の重症児のQOL（生活の質）向上のために推進しようとブログで説いて、大きな倫理論争となりました。

連載のネタ探しのために日課にしていた英語圏のニュース・チェックでこの事件のことを知り、私は大きなショックを受けて、事件のことが頭から離れなくなりました。ネット記事に掲載されたアシュリーの写真を見ると、障害像が海とほとんど同じです。アシュリーも海と同じく、生き生きと表情豊かな子でした。私はこの子を知っている……と直感しました。私たち障害のある子をもつ親には、障害のあるあの子もその子もみんな「うちらの子」といったふうな感覚があります。うちらの子に、あんたら、いったい何をしてくれるんじゃ、と怒りが湧きました。しかも、それを「どうせ赤ちゃんと同じ、何も分からない重症児なんだから」といわんばかりに生命倫理学者が寄ってたかって正当化するとは、なんだ、それは——？　まだ何も知らなかった当時の私は、生命倫理学とは生命を守り弱い者の権利を擁護する学問だとばかり、ナイーブにも信じ込んでいたのです。なんでこんなことが、こんな屁理屈で許されてしまうんよ？　納得できませんでした。

毎日ネットに流れてくる情報を拾い読みしてみると、なんで、なんで……？　と次々に疑問が湧いてきて、いつのまにか起きている時間のほとんどをパソコンの前に座ったまま過ごしていました。夢中で検索を繰り返しては情報を読み込み、メモを取り、誰と会っても一方的にアシュリー事件のことを熱く語り続けてしまう始末。アシュリーに行われたことを知った日から数週間の私は、誰から見ても異様な精神状態でした。少しずつ冷静になってからはブログを立ち上げて事件を追いかけ続けるうち、やがて重い障害のある人の医療をとりまく倫理問題が私の生涯の関心事となりました。

事件の詳細については二〇一一年に『アシュリー事件——メディカル・コントロールと新・優生思想の時代』（生活書院）という本で書いたので省きますが、なぜ私はアシュリー事件にあそこまで深く長く取り憑かれてしまったのかを考えると、二つの要因があったように思います。ひとつは、この事件との出会いを通じて、世の中一般はもちろん医師や生命倫理学者にまで、重い障害への無知と偏見が根深いことを思い知らされて愕然としたこと。海やアシュリーは本当にこの人たちが言うように「何も分からない人」でしかないか——？　ネットで議論を追いかけながら頭の中で問い返しては、「それは違う！」と反論するために必要な言葉と論理を必死で探していた気がします。挑んでいかなければ、「うちの子」は身体だけでなく命までも脅かされ始めている、と激しく駆り立てられていたのです。全身の細胞がザワザワするような危機感は、これは「対岸の火事」ではない、この動きはいずれ日本にもやってくる、という不穏な予感でもありました。

もう一つは、この事件によって重い障害のある子をもつ親として自分への問い返しを迫られたからではなかったかという気がします。

重い障害があるアシュリーは家で赤ちゃんのように親にケアしてもらえることが一番の幸せだから、不幸な施設生活を回避し、在宅介護をずっと可能にするために身体を小さいままに留め置いた、とアシュリーの父親は説明しました。批判的なスタンスで論争を追いかけながら、私は「我が子を施設に入れた自分にアシュリーの親を批判する資格があるのか」と自問せずにいられません。

また、アシュリーの親や支持者たちは「親が我が子への愛情からやったことだから」と、これらの医療措置を正当化しました。「いや、愛情からすることならなんでもいいわけではないだろう」と私は考えるのですが、その考えを同じように重い障害のある子をもつ親である自分に転じてみると、私自身もまたアシュリーの親のように、海のことは母親である自分が誰よりもよく分かっていると何の疑いもなく思い込んできたのではなかったか……。頭を抱えて考え込んでしまいます。

寝たきりで全介助の娘との間で、介護し介護される関係性の中には、ちょっと言葉では表現しきれないほど豊かなものがあります。誰かとの間で、身体をまるごと全面的にゆだね、ゆだねられるという関係性には、言葉とか論理をはるかに超えて、肌感覚とか、人間存在のレベルで伝え合い、分かりあい、通じ合うような、根源的で濃密なものがある。それはもう、豊饒と呼ぶしかないような、とてつもなく豊かで満ち足りた関係性です。でも、そのすぐ隣には、実は支配し支配される恐ろしい関係性も潜んでいる――。

いったんそのことに気づいてしまえば、親は――ケア専門職も――ケアする側としてケアされる側に対して紛れもなく「強い者」、時に「問答無用で支配する者」でした。私たちは、本当は本人のためではないこと、少なくとも本人のためだけではないことを、「本人のため」と言い替えてきたのではなかったか――。専門職は実は組織の都合だったり労働環境の問題であることを「本人のため」と言い繕ってきたし、親もまた「こういう子だから施設で暮らすのが本人のため」などと言って自分の罪悪感を誤魔化してきました。ごく当たり前の日常生活の中にだって、きちんと説明すればその人なりに理解できること、ちゃんと問うてみれば本人が選べることだって沢山あるのに、勝手に決めている場面がどれだけ転がっていることか——。

けれど、あまりにも長い年月にわたって自分こそが娘の最善の代弁者だと信じ込み、自分こそが身体を張って我が子を守ってきたのだと自負している母は、すっかり我が子と一体化し、我が子を飲み込んでしまっていて、その一体化を日常生活の中でどうやったら解けるのか、分かりません。むしろ、自分の無自覚を自覚してしまったために、日常生活のちょっとした場面で無意識のうちに支配的に振る舞う自分に頻繁に気づき、痛くてなりません。気づくのはいつも、ついそう振る舞ってしまった後だからです。

例えば、療育園から年に一度の日帰り旅行に出かけた時のこと。行きのバスの中で職員さんがマイクをもって言います。

「お昼のランチに飲み物がついていて選べるので、オレンジジュースとグレープフルーツジュースとコーヒーと紅茶とどれがいいか、子どもさんの分と親御さんの分とをここで決めてください」

「はーい。ウチの子は、グレープフルーツジュース！」

私は即座に手を振り上げ、バス後方から身を乗り出して大声でおめきました。娘の車イスの頭越しに――。

気づくのは、おめき終えてドスンとお尻を落とした瞬間。あちゃあ、またやってしもうたぁ。

日ごろ一緒に出掛けた先で海は水分を摂ろうとしないので親は苦労します。どうにか飲んでくれるものがあればグレープフルーツくらいなので、職員さんのアナウンスについ脊髄反射的に応じてしまったのですが、でも目の前に本人がいるんだから、せめて「あんた、グレープフルーツジュースでええ?」くらいの確認をしたって、よかろうよ。もしかしたら、今日はみんなとのお出かけだからオシャレにコーヒーを飲んでみようとか、考えとったかもしれんのに……。

日常のどこにでもある些細な選択だからこそ、ここまで無自覚なのかとタチの悪さを突きつけられる思い。しかも、あの「はい私が決めます当たり前です決めるのは母です誰にもモンクは言わせません」みたいな、押しつけがましい口調ときたら……。いったい母親なにさまなんじゃ。ああああほんま母親いうてイヤったらしい。……と募る自己嫌悪。

いかん。私はこの子ではない。この子は私ではない――。こんなことがあるたびに呪文のように自分に言い聞かせてみるのですが、それでもまたやってしまっては、あああああまだダメだダメだ……と、頭をかきむしる。その繰り返し。

前述の拙著『アシュリー事件』では、この頃の悩ましさを以下のように書いています。

娘のためにずっと、多くの人や組織や、さらに形のない何かとも闘い続けてきたつもりだった。自分は誰よりも優秀な彼女のアドボケイトだと自認もしてきた。しかし、私はアシュリー事件によって、親と子の間、介護する者とされる者の間には本当は避けがたい利益の相反があり、権利の衝突があり、実はそこには支配―被支配の関係が潜んでいるという、あられもない事実を突き付けられてしまった。突きつけられてしまった以上、そこから目を逸らせることができない。娘の権利を侵害してきた自分、今もそうし続けている自分、有無を言わせず支配する者として娘の前に立つ自分――。

そんな親の抑圧性や支配性に自覚的でありながら、なお娘を親として愛し続けようとすれば、いったいどうすればいいのだろう……。そこで私は言葉を失い、引き裂かれたまま、なすすべもなく立ちすくんでしまう。

今これを読み返すと、ああ、あの頃の私はこんなにも自分を追い詰めていたのか……と、ちょっとばかり可哀想になります。そこまで肩に力を入れんでもええのに、と七〇前のバアサンになった私は思うのです。いくら「目を逸らせることができない」ったって、だからといって壊れてしまいそうなほど自分を叩きのめさなくてもいい。いつも絶え間なく自分を本気で問い返し続けていたら、誰だって人間として壊れてしまう。大事なのは案外に、引き裂かれたままでいることかもしらんよ。そしたら、きっと自ずと変わってくるものもある。それに、時に娘を無自覚に飲み込んでしまうイヤったらしい母であっても、それも含めて海にとっては、この母しかおらんのだから——。

「親の抑圧性や支配性に自覚的でありながら、なお娘を親として愛し続けようとすれば、いったいどうすればいいのだろう」と自問していた五〇歳の私に、今の私はそんな声をかけてやりたいような気がします。

4

海の Nothing about me without me

『アシュリー事件』が刊行された翌二〇一二年の年末のことです。海は二〇代の半ばでした。

年末年始は帰省して家で過ごすのが恒例で、その年も一二月三〇日から家に帰る予定でした。ところが二九日から熱を出して「当面の外泊は見合わせ」とドクターストップ。大きなイベントの直前に熱を出してチャラにするのはこの人の得意技ですが、お正月が流れるのは初めて。冷凍庫には介護食おせちも待っとるのに……。

とはいえ、知らせを受けて療育園に駆けつけてみれば、「病室」で「おかあさんといっしょ」DVDを独占した娘はご満悦で、思ったより元気でした。「仕方ないねー。お父さんとお母さんは毎日くるし、おせちも持ってくるけぇ、あんた、ここで一緒に食べようやぁ?」と軽やかに言ってみるものの、内心「これなら大丈夫そうなんじゃけどねぇぇ……」。親の方が実は諦めきれない気持ちを引きずっているのでした。

翌朝は大みそか。さすがにもう諦めるしかないんかねぇ……。夫婦でボヤきながら、コンビニに寄って親の分の弁当を買い、園へ向かいます。廊下を詰め所に向かっていると、途中にある職員休憩室から出てきた夜勤明けの看護師さんに呼び止められました。ニコニコしながら弾んだ口調で、

「さっきC先生が診られたんですけど、いいニュースがありそうですよ〜」

重症児者施設の医師にも、とにかく安全パイを振りたい「医学モデル」の問答無用タイプと、本人のメンタルや家族のことまで目配りできる「生活モデル」寄りの柔軟タイプがあって、今日の当直のC先生は後者。海も大好きなイケメン先生です。看護師さんは夜の間の海の様子を詳しく教えてくれて、

「C先生から直接お話があると思いますけど、本当に良かったですね〜」

「うきゃぁぁ!!」

まさか大みそかの今日つれて帰れるなんて。看護師さんがこんなに喜んでくれているのがまた母は飛び上がるほど嬉しくて、飛んだついでに抱きついてしまいました。

「ありがとう！　お正月に間に合ったぁ。夢のようじゃぁぁ!!」

詰所からの連絡を受けてやってきたC先生は部屋に入ってくるなり、

「海さん、どうする、帰ろうか？　やっぱり家が一番いいよね？」

母にでもなく父にでもなく、ベッドを覗き込んで海自身に声をかけてくれました。海は「ハー！」と大きな口をあけて答え、先生はそれを見て「この顔なら大丈夫みたいだし」。

母は、ちょっとしびれました。実は園長でも娘の主治医でもないC先生と接点は多くないのですが、数か月前に今とまったく同じシチュエーションで印象的な場面があったばかりなのです。

たまたまその週末も当直だったC先生と、今と同じように「病室」入りしている海の帰省はOKか相談していると、海が突然ものすごく不機嫌になりました。二十歳を過ぎたあたりから、ことあるごとに「あたしはここで自分でちゃんとやっていますっ。親は余計な口を出さないでっ」と言いたげなそぶりを見せるようになりました。幼児の頃と同じように親が職員と相談して決めてしまうことに、とっくに大人になった海は憤懣を募らせていたのでしょう。そういう場面で猛烈に不機嫌になってゴネることが増えていました。本人はかなり前からそういう意思表示をしていたのかもしれません。鈍い親が娘からの「Nothing about me without me（私抜きに私のことを決めるな）」という異議申し立てに気付いてやれるには、アシュリー事件を機に抱えた煩悶と向き合う長い時間が必要でした。

数か月前のその頃にはさすがに母も理解できていたので、C先生と相談中に海が不機嫌になった時には「あ、海は自分で先生と話したいんじゃね。これは海のことじゃもんね」と気づくことができました。すると、私の言葉を聞いたC先生は、車椅子で食事中だった海の前にごく自然にしゃがんでくれました。

「じゃぁ、海さん、先生は大丈夫じゃないかと思うけど、家に帰りますか?」

それまで「私のことは私に言わせろ」とゴネまくっていたくせに、いざ話を自分に振られると海は俄かに緊張し、ただワナワナして、まるで「帰りたくないみたいじゃない!」とみんなを笑わせてくれたけれど、こうしてこの子もこういう場面に慣れていけばいいのだろうなと思えた、数か月前の一場面だったのでした。

その時のことを忘れず、今も部屋に入るなり自然に海と話をしてくれる医師が療育園にいることが嬉しく、こうして親が海の訴えを受け止めることで周囲の専門職にも気づきが広がっていくのだなとも思えて、気持ちが晴れやかになりました。

またもC先生のおかげでお正月に家に帰れることになった海は、車いすに乗って「じゃぁ、先生にありがとうを言って帰ろう」と促されると、ちょっとテレながら先生をそっと見あげて「は」と口を開けました。C先生はそれに「はい。よかったね。気をつけて」と応えた後で、「先生も今日で仕事終わりなんだよぉー」と嬉しそうにつけ加えていました。

2　ケアラー支援

二〇〇六年から始まった介護雑誌の連載のネタ探し作業からは、アシュリー事件の他に、私のその後の人生を決定づけた大きな出会いがもう一つありました。海外のケアラー支援です。

鮮明に覚えているのは、二〇〇八年六月の英国のケアラー週間。アドボケイト団体がケアラーの生活実態を調査し、家族介護者の無償の介護労働がどれだけ社会保障費を浮かせているかを数字で弾き出して、「これだけのケアラーの働きに報いる支援をしろ」と政府に要求を突き付けていました。日本の母親である私には大きな衝撃でした。さまざまな啓発イベントが展開される一週間、インターネットで関連情報を必死で追いかけました。その中で目にしたイベントのキャッチ・フレーズは〝Back Me Up〟。ケアを受けている人だけじゃなくて、ケアする私の方もちゃんと支えてくださいよ——。

同じ年の秋、オーストラリアのケアラー週間で見かけたのは、〝Remember, you are

only human"。読んだ瞬間に、胸にじんと沁みて涙が出そうになりました。連載でケアラー週間を取り上げて「忘れないで。あなただって生身の人間なのだから」と訳してみました。その時が、この支援のメッセージをどうにかして日本のケアラーに、そして障害のある子をもつ親たちに届けたいという願いが自分の中に生まれた、私自身の「ケアラー支援」の始まりだったかもしれません。

驚いたことに、英国では一九九五年の早くから「ケアラー法（Carer Act）」ができていて、ケアラーを一人の個人として尊重する姿勢が謳われていました。また、この法律は何度も改訂を重ね、そのたびにケアラーの権利擁護を鮮明にしていました。そうか、「ケアラー支援」というのは、ただ単に「ケアラーは介護でたいへんだから、みんなで助けてあげましょうね」という話ではなくて、それは「ケアラーの権利をきちんと認識し、擁護すること」なんだ……。

調べていくうち、米国でも一九八五年にケアラー支援の古典といわれる本が書かれていること、その最後に米国の支援団体が集まって編んだ「ケアラーの権利章典」が掲載されていることを知りました（米語では「ケアギバー」ですが、ここでは日本ですでに定着している「ケアラー」としました）。ジョー・ホーンという作家が書き、全米退職者協会から出版された“CARE-GIVING Helping an Aging Loved One（介護 老いてゆく大切な人を手助けすること）”です。ネットで取り寄せて読んでみると、どの章もケアラーへの現実的なアドバイスが豊富で、なによりケアラーの精神的な苦悩への理解と「許し」のメッセージに満ちていることに胸がいっぱいになりました。

「ケアラーの権利章典」が紹介されている箇所の文章は以下のように始まっています。

ケアラーとケアを受けている人は社会の平等な一員です。そして社会は、個人として生きること（individuality）、生活の質、自己実現を追求する権利を保障しています。この本を貫いている主題が一つあるとすれば、それはケアラーであるあなたには、いつどの段階であれ、「私にはこれはできません」あるいは少なくとも「これをずっとやり続けることはできません」と言う権利がある、ということです。……（省略）……

全米でケアラーたちが気づき始めています。もう長らく社会の注意がケアを受ける人の問題とニーズにしか向けられてこなかったことに。支援団体、全国レベルや州レベルの組織において、ケアラーたちが連帯し、ケアラーにも満たすべきニーズがある

のだと声をあげ始めています。……(p. 299)

私はずっと「私たちはいったい誰に、何を、許してもらわなければならないの」「なぜ障害のある子の母親だというだけで、私は自分自身の人生を生きることを許されないの」というモヤモヤを心の奥にくすぶらせてきました。そのモヤモヤへの答えの一つが、海外のケアラー支援にあったのです。

こうした海外のケアラー支援の現状をインターネットで調べては、月刊誌『介護保険情報』(社会保険研究所、二〇一七年三月で終刊)の連載「世界の介護と医療の情報を読む」で紹介し続けました。日本の母親の立場ではなかなか口にできなかった自分自身の思いを、ようやく一つの主張として自分の声で発信しようとしていたのだと思います。私たちケアラーだって、生身の一人の人間だ――と。

ホーンが著書の最後で紹介していた「ケアラーの権利章典」も、その連載で「介護者の権利章典」として仮訳(二〇〇八年一二月号)してみました。当時の仮訳に少し手を入れて、一部を以下に紹介します。書かれているのは、例えば、

・私には自分を大切にする権利があります。自分をいたわり大切にすることは身勝手とは違います。自分を大切にしなければ、家族を介護する力も出ません。

・外に助けを求める権利があります。身内からは反対されるかもしれないけれど、誰にだって耐えられること、頑張れることには限界があります。どこまで耐えて頑張れるか、私自身の限界を知っているのは私です。

・腹を立てたり、落ち込んだりする権利があります。たまには、自分で持て余した気持ちをぶちまける権利もあります。

・心を配り、愛をそそぎ、許し難きを許し受け入れながら介護しているのだから、そういう私にも心を配り、愛をそそぎ、許し受け入れてもらう権利があります。

日本でも、二〇一〇年に現在の日本ケアラー連盟の前身となる団体が立ち上げられました。翌二〇一一年に私も声をかけてもらって理事に加わりました。それから十数年――。今ではヤングケアラーを中心に、日本でも何らかの「ケアラー支援条例」を制定する地方自治体が増え（二〇二四年七月現在で三〇か所）、ケアラーへの理解と支援への機運も少しずつ高まってきました。が、障害のある子をもつ親ケアラーは、今もケアラーの中でも最も社会から見えにくい存在のままとなっています。親による障害のある子のケアは、子が何歳になっても「子育て」のイメージに取り込まれたまま「介護」とは認識されにくいからでしょうか。

私たち自身にも、そういう社会規範を内面化しているところがあるかもしれません。私たち親、特に母親は自分のしんどさを語ろうとすると、どうしても「でも、この子のことは、こんなにもいとおしいんです」と付け加えなければいけないよう気分になります。そうでなければ、まるで愛情がないことが証明されてしまうかのように――。でも、本当は「しんどい」のも「いとおしい」のも両方あって、当たり前。それに、私たちが「私はこんなにしんどい。でもこの子はこんなに愛おしい」という順番で語るなら、見たいものしか見ようとしない世間サマからは「じゃぁ、大丈夫だね」と受け止められて終ってきたのではなかったでしょうか。

そうして、「親が障害のあるわが子をケアするのは『子育て』だから当たり前」という無意識の刷り込みが、いろんなものを覆い隠してきました。例えば、障害のある子の子育ては一般の子育てよりもはるかに過酷になりますが、その過酷な介護負担の部分が見えなくされてきました。そして今、多くの親たちを苦しめている老障介護の現実もまた、見えなくされたままです。

私が海外のケアラー支援の理念から教えられたのは、ケアラーの疲弊を愛情の問題としてではなく社会保障の問題と捉える視点でした。ようやく日本でもヤングケアラーを中心に、ケアラーにも支援が必要だという認識が広がり始めた今、私たちも親が体験してきたこと、今までの思い、現状の課題やこれからへの思いを、周りの人たちに向けて、また社会に向けて勇気を出して届け、声を上げていかなければ、と思います。私たち障害のある子の親だって支援を必要とするケアラーであり、私たちだって人なのですから。

3　親が一番の敵

親が一番の敵だ――。

この言葉を初めて耳にしたのは一九九七年。持ち込んだ原稿を間に挟んでぶどう社で市毛さんと話していた時のことでした。

「日本の障害者運動がこれまで『親が一番の敵だ』と言ってきたことを、知っていますか」

――知りませんでした。

市毛さんの方も、施設入所を決めた自責を書いたばかりの母親にその話題を出すには躊躇があったようで、さらりとした解説だけで終わりました。「青い芝」という言葉が出て、ああ、B先生が言っていた人たちだ……と記憶が繋がったのは覚えていますが、当時の私にはまだ遠い世界のことでした。「親が一番の敵」という言葉だけが記憶に刻まれました。

その後、アシュリー事件をインターネットで追いかける過程で、国内外の障害者運動の歴史や主張を少しずつ学び、「青い芝」についても多少の知識を得ます。「親が一番の敵」という主張の文脈には「親が施設に入れる」「親が障害のある子を施設に厄介払いする」などの非難があることも知りました。それらは私には書物で目にするたびに、目にも心にも突き刺さって、ほとんど身体的な痛みとなる文字列でした。

一方で、アシュリー事件を追いかけるために立ち上げたブログでは、障害学や障害者運動の周辺の人たちとの接点が急速に増えていきました。『アシュリー事件』を書いてからは、生身での出会いも急速に増えました。そして、その人たちは、中年期に差し掛かってから親が――しかも我が子を施設に入れた親が――予備知識も心構えもなく出会ってしまうには、少しばかり厄介な面々でした。

もちろん私が何も知らなかったはるか昔から身体を張って運動し、世の中を実際に変えてきてくれた人たちです。感謝も敬意も十分にあります。根深い優生思想への懸念を共有している前提もあり、決して互いに失礼な態度をとるわけではありません。が、ブログでもリアルな対面でも、ちょっと突っ込んだ「議論」になると俄かに話が噛み合わなくなって、その「届かなさ」にモヤモヤが残るのです。

私が「重症心身障害のある子を持つ親」の文脈で発言したことは、自立生活を切り開いてきた「身障者である本人」の文脈に勝手に引き戻されて受け止められます。私は「身障者」や「自立」や「障害者運動」の話をしていたわけじゃない、私は「重症心身障害の文脈で「親である私」の話をしていたのに……と思います。または、「その話には本人がいない」と返されます。でも私は「私」の話をしているのであって海の話をしているわけじゃないのだから、そこに本人がいないのは当たり前のことじゃない、と思います。逆に、なぜ親だからといって自分のこと（だけ）を語ってはいけないの？と思います。そして家族の負担や家族への支援の必要について語ろうとすると「でも家族は当事者の人権を平気で侵害する加害者だったじゃないか」と返されます。じゃぁ、家族は支援なしに放置されて罰せられていろと言うの――？ムラムラします。

この「届かなさ」「口を封じられる感じ」には、覚えがありました。かつて医療専門職の母親規範や世間サマの母性信仰によって悲鳴を上げる声を封じられたのと同じように、今度は「親は加害者じゃないか」「子どもの自立を邪魔してきたじゃないか」と言って「親や介護者は自分のことを語るな」と口を封じられるのか……と呆然となりました。

その後、仕事を通じて知的障害者福祉の世界で働く支援者とも出会っていきますが、そこで「親」に向けられる眼差しにも、障害者運動と同質のものを感じて愕然としました。「親とともにやってきた」という言葉で「仲間」に包摂されるのは、親が地域での運動の担い手や協力者であったという意味でのみ。それ以外のところでは「当事者とそこに寄り添う支援者vs親」という対立の構図の中に位置づけられて、どこか非難がましく見下されているような感じ——。その対立の構図にも覚えがありました。

私たち親は医療専門職と話をする時「専門知識があって、分かっている私たち」vs「専門知識がなく、分かっていないあなた」という上下関係の後者に予め位置づけられてきました。障害者運動の関係者や知的障害領域の支援職と話をする時には「(障害者の権利について)意識が高く、分かっている私たち」vs「意識が低く、分かっていないあなた」という上下関係の後者に位置づけられるのか……。そんな勝手な位置づけをしておいて、独りよがりな「正しさ」の物差しを一方的に当て、オマエは「正しい親」であるかどうかと評価の目を向けてくる——。仕事の範囲が広がり、それまで知らなかった領域の専門職と接点が増えるにつれ、モヤモヤばかりが募っていきました。

なぜ、子どもに障害があるというだけで親（特に母親）は、周囲が（専門職が、世間が、障害者運動が、支援者が）「こうあるべき」と手前勝手に押し付けてくる規範を求められるのだろう。子どもが小さい頃には医療職が認める「優秀な療育者」であり、その後もずっと世間が認める「愛と自己犠牲で献身する美しい母」であり、子どもが長じてからは「子どもの自立のために尽力する正しい親」であれと、なぜ子どもに障害があるというだけで求められ続けなければならないのだろう。障害のある子をもつ親であろうとなかろうと、私たちは誰だって固有の人生をこれまで生きてきて、固有の歴史や事情やいきさつをみんな引きずって「今ここ」を、生きているのに。だから個々の人間にとっては「今ここ」からしか、どこへも足を踏み出せるはずもないのに。どうして、誰かがてんでに信じる「こうあるべき」正しいカタチの物差しを勝手に当てられて、評価され断罪されなければならないの――？

「親は一番の敵だ」という言葉を当事者から直接ぶつけられたことがありました。

障害当事者であり支援者でもあり障害者運動の活動家でもある、という人でした。すでに二度ほど会って共感的に会話をした相手だったので、「そちらに行くことになったが、アシュリー事件について聞きたいことがあるので会えないか」という連絡を受け、楽しみに居酒屋へと出向きました。ところが会ってみると、アシュリー事件について聞きたいことがあるわけではなく、むしろ拙著『アシュリー事件』の中で障害者運動に触れたくだりを運動への批判と捉えて、腹立ちをぶつけたかったようでした。

最初こそ友好的に話が進んだものの、途中からは、障害のある人がやりたいことに挑戦したいと思っても親たちから「お前にそんな力はない」と能力を否定され、いかにそれをつぶされてきたか、思春期になった時に親たちからいかに性的存在であることを否定されてきたか、自立した生活を送ろうとしても親たちにいかにそれを邪魔されてきたか――。自分が支援者として関わっている人たちの事例を具体的に挙げては、親がいかに当事者にとって敵でしかないかを激しい口調で言いつのります。今にして思えば、その人は酔っぱらっていたのかもしれません。

私は「親」の代表じゃない。「障害者」の中に溜まった「親」への恨みつらみを、個人的にぶつけられるいわれはない――。内心そう思いました。それに、なんで「障害者運動」の人たちって、誰も彼もがそうやって同じ「運動の言葉」で同じことばっか言うんかなぁ？　悪いけど、そんなの誰かからの「借り物の言葉」じゃないんかね……。そんな腹立ちまぎれのつぶやきも腹に蠢いていました。さほど親しくもない人から「騙し討ち」にされたみたいな状況にどう対応すべきか相手との距離を測りかねて、とりあえず黙って聞いていると、どんどん激高したあげく、

「障害者は、親からこそ真っ先に、最もひどい差別をされてきた。親こそが一番の敵なんだよっ」

いや、そうやって敵意を剥き出しで私に怒鳴られたって……。が、その時はなぜともなく激しい言葉で応じる気にならなくて、言葉が途切れた隙を捕まえて言ってみました。

「〇〇さん、それで、あなた自身の親はどうだったんですか？」

実はさっきから「あなたの生身の身体を通した、あなた自身の言葉で話しなさいよ」

と言いたくて、ウズウズしていたのです。

「え……？　私の親……？」

「うん。そう。あなたの、お父さん。お父さんは、あなたにとってどういう親だったんですか？　あなたの、お母さんは？」

「私の父、ですか……？　えっとぉ……」

それまでの能弁は急に姿を消して、言い淀みます。それまでシャープなスローガン言葉を連発し「親」を断罪し続けていた人が、自分の固有の親について語ろうとすると、急に歯切れが悪くなるのです。それは、そうでしょう。世の中のどこにも抽象的な「親」である人なんか、いません。誰もが誰か固有の人の親として固有の人生を生きる「親でもある誰か」でしかない。複雑な歴史を背負い、愛も憎も紙一重に絡まり合っているのが固有の親子関係というものでしょう。そこにあるものがそう簡単に割り切れた言葉になるはずもありません。

それでもその人は「えっと、父は……若い頃はこういう仕事をしていた人で……」と、私の問いにちゃんと答えようとしてくれました。別人のように訥々とした口調に変わり、その口調のまま、すでに亡くなった父親のこと、今も健在な母親のことをいろいろと話してくれました。その後は、それぞれが「障害のある子である」こと「障害のある子の親である」ことについて、穏やかに語り合う豊かな時間をもつことができました。

あるシンポを聞きに行き、当事者が激しい怒りを込めて「私たち障害者はみんな、子どもの頃に親に殺されそうになったことがある。いつだって障害者は親に殺されてきたんだ」と糾弾する言葉に胸を切り裂かれたこともありました。会場から巻き起こった盛大な拍手の中で、全身を凍りつかせて座っているしかありませんでした。

ところが、そのシンポの後、思いもよらないことが連続して起こりました。事後の懇親会に誘われて、思いもよらずその当事者と小さなテーブルを挟んで向かい合わせの席となり、話してみるとその人は私と同世代で、一人娘がいる母親だということが分かり、いつのまにかその人と「障害のある母親」と「障害のある子をもつ母親」の母親同士としてそれぞれのホンネを語り合ううちに打ち解けて、やがて私が思い切って会場でその人の言葉に切り裂かれた胸の痛みを打ち明けると、その人は思いもよらない温かいまなざしで私を包み込みながら、静かに耳を傾けてくれたのでした。

そんな語り合いは、滅多にあるわけではありません。いくつもの偶然が重なって初めて得られる恵みのような稀有な時空間です。それに、これまでの自分の世界にはいなかった人と新たに出会い、障害のある誰か、あるいは障害のある人の周辺で生きてきた誰かとしみじみ語り合う体験には、いつも相応の痛みが伴います。自分が知っている世界がいかに小さいかを思い知らされ、その限界を無理やりに押し拡げられる痛みです。同時にその痛みがあるからこそ、「海の親である」ということを見つめ直し、自分に見える世界を広げることができる貴重な機会であることを、今の私は知っています。

そして、そんな時に心を開いて誰かが聞かせてくれる人生の断片からいつも感じるのは、人はみんな多くの悔いや自責を心に抱えて生きているのだなぁ、ということ。そして誰の人生も、その人自身にとっては「そうしか生きられなかった」人生なのだなぁ……ということ。

4　相模原障害者殺傷事件

二〇一六年七月に神奈川県相模原市の知的障害者施設津久井やまゆり園で起きた障害者殺傷事件は、障害のある人と家族、関係者に生涯忘れることができないほど大きな衝撃を与えました。私も、あの朝テレビの前で呆然と立ち尽くした一人です。頭の中でぐるぐるし続けるのは「とうとう、うちらの子が殺されてしまった。ついに、こんなにたくさん殺されてしまった……」というつぶやき。植松聖の「障害者は不幸しか生まない」「障害者には安楽死を」などの発言に思うのは、じわじわと拡がり始めていた声が、ついに公然と解き放たれた。とうとう社会の隅々にまでとどろき渡ってしまった……。

相模原障害者殺傷事件が起こった二〇一六年は、あのアシュリー事件からほぼ十年目。二〇〇七年当時の「重い障害のある人の身体と命は今リアルに脅かされ始めている」という不穏な予感は、その間にさまざまな形をとって世界中で現実になっていきました。ブログを小さな「窓」として覗き見てきた世界では、科学の進歩や新自由主義経済の浸透、それにともなう各国間・各国内での格差の拡大など、さまざまな要因が絡まり合う中で、人の命を「生きるに値するか」「医療コストに値するか」と問うては選別し、重い障害のある人たちの命を切り捨てていこうとする力動がじわじわと拡がってきました。日本だけが無縁でいられるはずもありません。コイズミ改革の頃からはっきりと感じられるようになった社会的弱者への政策上の切り捨てや、能力主義・効率主義・自己責任論による社会の空気の冷え込みも、そうした世界的な必然なのだとすれば、重い障害のある人たちの命は日本でもいよいよリアルに切り捨てられようとしている――。煎り立てられるような危機感が日々募っていく中で起きた、相模原市での事件だったのです。

とうとう現に殺されてしまった……。その衝撃を誰かと共有しないと、不安と恐怖で胸が真っ黒に塗りこめられてしまいそうでした。が、身のまわりの重心施設の関係者の中にも親の間にも、この事件が今ここで起きてしまったことの意味を深く捉えている人は見当たりません。今すでにグローバルな規模で命の線引きと切り捨てが進行しているとの認識を持ち、その「大きな絵」の中に事件を位置付けて考えられる人と、そうでない人では事件の見え方がまるで違うのだと、身近な誰彼と話をしようとするたびに思い知らされました。迂闊に話題を持ち出した私は、ここでもまた「知っている（分かっている）私たち専門職」vs「知らない（分かっていない）あなた」の構図で決めつけられ、見下ろされては、何度も歯ぎしりすることになりました。「重い障害のある人の周辺で何が起こっているか、状況の厳しさを分かってないのはそっちですよッ」「そっちこそ、ものを知らんすぎますよッ」と、苛立ちが口から飛び出しそうになるのを、立場をわきまえて、ぐっと押し戻すたび、共感を求めて思いが向かうのは、ブログを通じて知り合った障害者運動の関係者でした。彼らとは、同じ「大きな絵」とそれに対する警戒感を共有してきたからです。が、まもなく、事件をめぐる議論はその障害者運動の関係者によって、「大きな絵」から外れて私の思いもよらない方向に捻じ曲げられていきました。事件の真犯人は「施設」と「施設に入れる親」だと指弾するような議論が日ごとに勢いづいていったのです。

それまで私が書くものには、親としての手記と、『アシュリー事件』など障害と医療をめぐる倫理問題を論じるものの二つの流れがありました。相模原事件が起こったのは、その二つの流れを一つに統合したものを書きたいと考えながら難渋していた時期でした。施設と親がここまで犯罪者扱いで叩かれるなら、「施設に入れた親」である私はもう何も言えなくなったな、もう何も書けなくなったな、と思いました。

事件の前にも障害者運動の関係者との間に溝はありましたが、それでもあの居酒屋の夜のように、溝は意識しながらも互いに敬意をもって努力すれば、腹を割って語り合うことはできました。相模原事件を境に、そんな日々はもう二度と帰らないところに失われてしまったような気がしました。もう何も書かず、何も言わず、残りの人生を心穏やかに過ごしていこう、と決心したこともありました。

が、その一方で、ほかならぬ障害者運動が、こうして誰かの口を封じていくのか、という反発もありました。障害者こそが社会から声を封じられてきたのではなかったか。それに対して「ものを言わせろ」と要求してきたのが障害者運動だったのではないのか。その障害者運動が、今はこうして「正義」を振りかざして誰かの口を封じていくのか――。

あの居酒屋で「親が一番の敵なんだよッ」と面と向かって怒鳴られた時のことがよみがえり、でも、あんたらの親だって、それぞれに固有の歴史や事情やいきさつやしがらみを背負って、必死で生きてきた人じゃないの？　あんたら一人一人と自分の親との関係には、憎しみしかないの？　親は「敵でしかない」の？　そんなはずはなかろう？　「親が」「親が」と鬼の首を取ったみたいに指差すけど、その「親」たちがどんな体験をしてきたか、どんな思いをしてきたか、ちゃんと関心を向けてみたこと、ある――？

私たち母親は、障害のある子の母親になったところから、自分自身の人生を生きることを許されないまま、我が子のためだけに生きることを強いられてきた。医療職からは「よき療育者」であれと叱咤され、福祉職からは当人のために運動する「よき運動資源」であれと期待されて、「いつも元気なオカアチャン」を演じさせられてきた。まるで障害のある子の母になったとたんに「ひとりの人」ではなくなって、ただの「機能」であればいいとばかりに——。

そのあげく、今や高齢化して自分自身が心身の限界に直面しているというのに、私たちが今どういう生活を送り、老いをどのように体験しているか、親亡き後を巡ってどんなもの思いに囚われているかには、専門職も世間も当事者も目を向けようともしない。死ぬまで「元気なオカアチャン」のまま期待される機能を担い続けてくれるはずだと、みんなで都合よくタカをくくって、親だって疲れもすれば病みもする、老いれば衰える一人の生身の人間なんだということには想像力を向けてみようともしない。制度の締め付けばかりが進む中、支援なき地域でも処遇が悪化する施設でも追い詰められたまま、どうにもならなかったら殺すしかないところへと、親たちはもう待ったなしで追い詰められていっているというのに――。

そんな親たちの現実に目を向けてみようともせず、「殺す親」vs「殺される障害者」という構図の被害者側に身を置いて「親が殺す」と親を一方的に指さすのは、その対立の構図が間違っていないか？　攻撃すべき敵を見誤っていないか？　まさか、障害児者を「施設に厄介払い」する「敵でしかない親」から、オレたちの主張の正しさを理解した国が「地域移行」で守ってくれる……なんてバカな夢想はしてないよね？　国の言う「地域移行」てな、支援なき地域と家族に障害児者を棄てていくことでしかない。障害児者のケアを親と地域の専門職の自己責任に落とし込み、その負担からは目を背けたまま放置して、追い詰められた家族に「殺させる」棄民でしかない。それに気づかない障害者運動が「地域移行を進めて障害者を施設から地域に出せ」と声高に主張すればするほど、それが真の敵に悪利用されていくのに。そうやって知らないうちに棄民に加担させられて、結局は自分らで障害児者と家族の首を絞めることになるのに――。

アシュリー事件との出会いからずっと、我が子に対して「強い者である親」としての自分を問い返そうと苦しんでいましたが、相模原事件後の「親」を加害者として責める議論があまりに痛くてのたうち回っていると、ふいに視点が転じる瞬間がありました。もしかしたら、私たち親、特に母親は我が子との関係の中で強い者、支配する者であると同時に、そうならざるを得ないところに社会的に追い詰められてきた、という意味では「弱い者」なんじゃなかろうか……。

私たち重い障害のある子どもを持つ母親が我が子を自分の中に飲み込み、わが子と一体化してしまうのだって、考えてみれば、そんなの当たり前じゃない？　密着したり一体化してしまわないと不可能なほどの介護を、私ら重い障害のある子どもを持つ母親はこれだけ長い年月の間ずっと担ってきた。そこで、私ら母親に選択肢があったんかね？私らは選択なんかできん状況の中で、そうするしかなかったんじゃないんかね。今もそうであり続けとるんじゃないんかね……。

「母」が殺す？　じゃぁ、「父」は一体どこにおるの？　社会は、政治は、一体どこで、なにをしとるの？　父が逃げるから、母は殺すしかないところに追い詰められるんじゃないの？　逃げる父によって、無関心な社会によって、いのちを切り捨てる政治によって、母は「殺させられ」てきたんじゃろうに。

そんな思いが少しずつ自分の中で発酵して二〇一九年夏に五年がかりでようやく書け

た本は、「施設」と「親」を事件の真犯人と指弾するような事件後の議論に対して、重症心身障害のある人の母親の立場から問い返しを試みるものとなりました。「ケアラーもまた尊重されるべき権利を有する一人の人である」というケアラー支援の理念を、年月をかけて腹に落とし込んできて初めて、それを胆力にして書くことができた言葉たちだったという気がします。その本には『殺す親　殺させられる親』と、敢えてえげつないタイトルを付けました。

5 くつした泥棒

ずっと昔、海が二四歳の時に男性看護師のXさんから聞いたデイルームでの一コマです。まだ居室が四人部屋に改装される前、広いデイルームの一部に敷き詰められた畳にみんなが思い思いに寝転んで過ごす、はた目には「まるで被災地の避難所みたい」(ある年に実習生の一人が使った形容)な空間でした。でも、だからこそ自分で動くことができない当人たちも職員も自然にやりとりができて、時に思いもよらない楽しいハプニングが起こる、和気あいあいと和やかな空間でもありました。

帰省後に海を送っていって、詰め所でXさんとしゃべっていたら、急にXさんが何かを思い出して一人で大笑いしながら、

「この前、海さんが思わず『ど』って言いそうになったんですよ〜。いえね、Yさんのことで」

Yさんは海よりちょうど四〇歳年上の男性。みんなよりも少し障害が軽く、慣れれば分かる言葉の持ち主でもあります。渋い容貌の「気難しい大工の棟梁」タイプですが、実は毎日どこかに赤いものを身につけないと機嫌が悪かったり、若い女性職員にはめっぽう甘かったり、と可愛げのあるオモロイ人。入所した時から海のことをずいぶん可愛がってくれて、小さい頃はよく抱っこしてくれたり、デイルー

ムで海が「番組替えて〜」とか「DVD見たい〜」などとスタッフを相手にワガママを言っているのを、遠くから目を細めて見守ってくれていたりしました。私たちが海を迎えに行くと、「ぎゃっじっ！」と私たちに向けて大声で激しく怒鳴り、親切に「あっちにおるよ！」と指差して教えてくれたりもします。

とはいえ、海が成人した時に一緒に還暦を祝ってもらったYさん、それから四年が経ったその頃には弱ってきて、時々ぼ〜っとするようになりました。Xさんは心配し、ぼ〜っと停止状態になっているYさんに気付くと、そっと近付いていって靴下を引っ張ってやることにしていたのだそうです。ツンツンと引っ張りながら真っ赤な靴下をじわっじわっと脱がしていくと、Yさんはハッといつもの自分に戻り、抵抗しつつ「ごらぁ、どどぼー！」と大声で怒鳴る——。そういう二人のやりとりを、海はいつも興味しんしんで眺めていたとのこと。

そして、その日。ぼ〜っとしているYさんにXさんがこそ〜っと近づいていくのを見ると、海はこれから何が起こるかをいち早く予想して、さっそく注目。Xさんもそこは海の視線を意識し、わざとドラマチックに手を伸ばして迫るものだから、海はもうその手に目が釘付けです。胸をわくわくさせ、固唾をのんで見つめる中、Xさんの手がついにYさんの靴下の先を掴んだ、その瞬間。募る期待がピークに達し、思わず「どろぼー！」と……、言葉を持たない海が本当に言いそうになったのだそうです。

「いや〜、もうちょっとで海さんが『ど』と言うところでした。本当に言うかと思いましたよ〜。ねー、海さん。『どろぼー！』って、思わず言ったんだよね〜」

海はえへへ、という顔で応えていました。

5　インタビュー

『殺す親　殺させられる親』が刊行される少し前からとりかかっていたのが、前にも触れた高齢期の親たちへのインタビューでした。

障害のある人をめぐる議論で抽象的な「親」がウンヌンされたり、障害のある人の親をテーマにした研究で「一般化」や学者の「解釈」とともに「親は……」と論じられることは多くても、一人ひとり生身の親たちが生きる、親たちにとっての主観的な現実はほとんど知られていません。親自身にとって語りにくい思いは、語られないまま存在しないものにされてきました。どうにかして親たちの体験と思いを言語化し、社会に向けて可視化したい、と考え始めていました。

インタビューでの主な質問は「これまでどのように生きてこられましたか」「今どのような生活を送っておられますか」「これからについて何を思っておられますか」の三つ。母としての体験と思いはもちろんですが、一人の女性としての人生を振り返って語ってもらいたかったので、インタビューの最初にまず「ご自身は、どんな子どもさんでしたか」「どんな子ども時代を過ごされましたか」という質問をすることにしていました。子ども時代から振り返ってもらい、母として生きただけではなく一人の人としての自分の人生があることを思い出してほしかったのです。が、子ども時代のエピソードや青年期の熱い恋のことを聞かせてくれる人が数人あったものの、ほとんどの人の前半生は「ぼおっと生きてました」とか「漠然と結婚して母になるんだと思っていました」と簡単なワンセンテンスで括られて、話はすぐに子どもが生まれた時、障害を知らされた時へと飛びました。しかも、ご自身は気づいてもいないうちに自然に、またたくまに話が我が子へと向かうのです。それほど人生の濃密さが「ビフォア」と「アフター」で違うんだな、それほど私たちは母としてのアイデンティティを中心に据えて人生を生きてきたのだなぁ、と改めて認識させられる思いでした。

そして、どの人もパワフルな母でした。「こうでなければ、やってこれなかったわよ」というオーラが放たれているようでもあり、ずっと周囲から「元気なオカアチャン」と呼ばれ続けて、それが習い性になっているようでもありました。でも聞いてみると、実際には高血圧、高脂血症、白内障、腰や膝の異変、骨粗しょう症など、ほとんどの人が年齢相応に身体を傷めて通院している人もいますが、それでも重い障害のある子どもの母親たちは、介護を休むことができないので入院ができません。だから当然、手術も受けられません。どうしても入院が必要となれば、自分で協力者を求めて奔走して我が子のその間の居場所とケアを確保し、療養環境を自分で整えるしかないのです。その場合でも、もちろん十分な療養生活など送るべくもありません。

六十代のある母は、介護負担がたたって耐えがたいほどの両膝の痛みを抱えながら、医師から手術を勧められるたびに「いえ先生、うちにはこういう子がいますから手術はできません」と断り続けていたそうです。とうとう痛みを耐えるのも限界となり、医師からも「ここで手術をしなければ、あんた自身が車椅子生活になる」と言われて、手術を受けようと決心しました。普通は片膝ずつ二回の手術でやると勧められたけど、「いえ先生、うちにはこういう子がいますから、両方いっぺんにやって下さい」と言い張ったとのこと。そして手術が決まると、半年かけて息子が父親とともに日ごろと同じ生活を送れるだけの支援の段取り、衣類や短期入所の準備品を完璧に整え、それでも万が一の時には自分が面倒をみれるように病室に息子のためのマットを持ち込んでおいた、と言います。医師が片方ずつにしろと勧める手術を両膝いっぺんに受けた身で、自分の病室で介護を担う腹をくくらなければ母親は必要な手術を受けられないのです。

その人が「でも、数年前だったからヘルパーさんの追加も可能だった。今だったらヘルパーが足りないからから、手術を受けることはできなかったと思う」と言っていたことを思うと、インタビューから五年が経った今、母たちは自分に必要な医療を受けることができているのか、気がかりです。


老親や夫の介護や看取りが我が子のケアに追加されて、多重介護生活になっている人もたくさんいました。転んで大けがする人が多いなと思ったら、たいてい多重介護生活の中で転んで骨折したりしていました。それはそうでしょう。ある人は、医療的ケアが必要な寝たきりの我が子が通所に行っている間に、ご飯を作って電車に乗って片道一時間のところで独居生活をしている自分の母親に届けに行っていたそうです。そんな慌ただしい生活の中で、多くの人が何でもない場面で転んで骨折などの大けがをしているのでした。

そんな負担の大きな介護生活をかろうじて支えてくれているのは、地域の支援資源のはずですが、これがまた全然足りていません。入所のみならずショートステイすら十分には使えていない。人手不足がどこでも深刻で、いま受けられている支援もいつ打ち切りを言い渡されるが気が気ではありません。グループホーム（以下、GH）も人手不足のため、週末は帰省が義務づけられたり、病気をしたら家に帰されるなど、あちこちで親依存のGH生活になっています。とてもじゃないけど「終の棲家」にはなり得ないのが実情です。

昨今、GHを営む法人の不祥事が相次いで報道されていますが、民営化で数だけが増えるにつれ、GH業界の一角に悪質業者がはびこって貧困ビジネスの様相を呈している事態は、このインタビューの当時から既に関係者には憂慮されていました。簡単に儲かるビジネスとしてGH立ち上げの支援を請け負うセミナーが横行し、専門知識も福祉マインドも乏しい職員を集めては安直に軽度者向けGHが立ち上げられていく一方で、誠実な事業所であればあるほど報酬改定の度に締め付けが進んで採算がとりにくくなるばかり。その実態を、厚労省も自治体も知らなかったというのでしょうか。監督責任は一体どこでどのように果たされていたというのか。

都市部に行くほど、地域の障害者福祉制度では空洞化が進んでいます。地方にはサービスがもともとありません。それが紛れもない現実であることを、親たちの語りを通してまざまざと見せつけられたのが、二〇一九年のインタビューでした。

そんな生活の中、インタビューを受けてくれた人たちに「親亡き後」への思いを問うと、誰もがまずは絶句しました。しばらくの後、口から押し出されてくるのは「考えられない」『どうしたらいいのか分からない』という言葉。今でも支援がなくて困っているのに。いざという緊急時にも受け皿がないことを痛感して親が老いても老いていないフリ、病んでも病んでいないフリで頑張り続けなければならないのに。今日この日を生きるだけで精一杯なのに、「親亡き後」なんか問われても……そんなの、考えられない……と。

高齢期の親たちはそれほど過酷な生活を送っていました。インタビューの内容に自分自身の体験と思いを加えて、『私たちはふつうに老いることができない　高齢化する障害者家族』（大月書店）として上梓したのが二〇二〇年五月のことです。一月に海外のできごととして報じられた新型コロナウイルス感染は、すでにパンデミックと化していました。

日本でも二月には初めての死者が出て、学校は三月二日から一斉に臨時休校となり、四月七日には七都道府県に緊急事態宣言が出されました。町から人の姿が消え、世界中が未知のウイルスへの恐怖にじっと息を殺しているかのようでした。その不気味な静けさの中で、コロナ前から過酷な生活を強いられていた障害のある子をもつ親たちの苦境はさらに深刻になっていきました。

第4部

コロナ禍で問う
問い続ける

1　コロナ禍の家族

日本ケアラー連盟では二〇二〇年三月末にウェブ上で緊急ケアラー・アンケートを行いました。その結果、多くのケアラーの生活が新型コロナウイルス感染拡大の影響によって変わり、介護負担の急増とともに疲労とストレスが増していました。

約四割のケアラーが「臨時休校や介護・支援サービスの休止や利用自粛により、介護時間が長くなった」と回答。また七割以上で介護状況が変化し、そのため六割強のケアラーが心身の健康に影響を受けていました。多重介護家庭も多く、複数の人をケアしている人は約六人に一人でした。

このように過酷な介護生活を送る多くのケアラーは、医療や福祉のサービスがこれまで通りに利用できなくなるのではないかという不安を抱えていました。

「子どもの一人は重度自閉症で、変化を恐れる。万が一通所先が閉鎖になったら預けるところはなく、すべての負担が家族にかかってくる」

「二四時間三六五日、呼吸器をつけた全介助が必要な息子を介護しています。通所や訪問看護やヘルパー利用ができなくなると、たちまち在宅生活がひっ迫してきます」

そして、もう一つ、ケアラーにとって最も大きな気がかりは、自分自身が感染したり濃厚接触者となったりした際にはどうなるのか、という問題でした。

「当事者の妻は精神障害と身体障害をあわせもっており……ケアラーである私の方が寝込むだけでも、ましてや隔離・入院となると、彼女の生活がたちまち立ちゆかなくなる」

「母子家庭で障害児を育てています。もし家族の誰かが感染して隔離になった場合は残っている子どもの面倒はどうするか？　障害がある子が残っている場合は？自分も乳がんなので感染したらリスクは高く、もし死亡した場合は子ども達はどうなるのか」

アンケートで、そうした緊急時の代替策が「ある」と回答した人はわずか八・九％。「代わりの人はいない」と回答した人が五五・八％。「まだ考えていない・どうしたらよいのか分からない」と答えた人が五六・八％でした。

やがて私はコロナ一辺倒となったテレビの前で、時々「なんだか、なぁ……」とつぶやくようになりました。一斉臨時休校による子育て家庭の負担増は連日のように報じられる一方で、特別支援学校の休校で障害のある子のケア負担が急増している家庭には、メディアの目はまったく向いていませんでした。医療と介護の専門職の苦境は連日大きく扱われ、感謝が呼びかけられますが、在宅で介護を担う家族がコロナ禍でどんな状況に置かれているかには、社会はまったく関心を持っていないように見えました。

あの時にモヤモヤと感じていたものを今の私の言葉に翻訳してみると、「コロナ禍の前から障害のある人とその家族は社会から見えにくい存在だった。コロナ禍がやってきて、私たちはさらに社会から見えない存在にされていく……」といった不穏な予感だったような気がします。

「私たちだってここにいる」「私たちだって困っている。苦しんでいる」とここで声をあげなければ、このまま「after コロナ」になっても社会から見えない存在にされたままにされてしまう――。そんな恐れから知人の母親仲間に声をかけて企画した共著が、この本の「はじめに」で触れた『コロナ禍で障害のある子をもつ親たちが体験していること』（児玉真美編著、生活書院 2022）でした。旧版と新版二冊合わせて一一人の著者が書いています。

たとえば阿波市手をつなぐ育成会会長の福井公子さんは、コロナでサービスを安定的に使うことができなくなって、「息子に少しでも体調の変化があれば、『私は自由になれない』という妄想に近い恐怖感がずっと続」いたと言います。

「（感染者が出た際には）通所施設は一〇日以上休所となり、私も息子と二人で……毎日ドライブ、人のいない公園を見つけては散歩。七〇歳が四〇歳の体力に付き合いきれるわけもなく……」

重度知的障害を伴う自閉症の息子（七歳）をもつ、たっくんママさんは、自宅待機が

理解できずに荒れる息子からきょうだい二人をかばいながら、市の障害福祉課職員から
ＰＣＲ検査についてかかってきた電話に出た時の状況を、次のように描いています。

「私は電話中もきょうだいをたっくんの他害から守るために必死で自分の身体を盾にし続けています。部屋中にとどろく子どもの泣き声。母親が他害にあう所を目にするきょうだい。自宅待機が理解できずパニックするたっくん。もう理性が吹き飛びそうになるなか、障害福祉課の人なのだからとすがる思いで状況を説明し、きょうだいの逃げ場を支援してもらえないか聞いてみました。

冷淡な声で言われたのは、『ご家族やご親戚は？』『別室に鍵を掛けて、開けなければいいのでは？』『お父さんは帰ってこられませんか？』……見捨てられた気持ちになりました」

人工呼吸器を使用したり、痰の吸引や経管栄養などを必要とする医療的ケア児の親の生活については、茨城県の医療的ケアを必要とする子どもの親の会の代表理事、根本希美子さんに書いてもらいました。

「……複数のケアが必要な子どもや、人工呼吸器を常用しているような医療依存度が高い子どものいる家庭では、ケアを担う親（たいていは母親）は夜間の睡眠時間も十分に確保できなかったり、寝たり起きたりを繰り返し、断続的な睡眠となっています。そんな日々の連続では、身体的にも精神的にも健康を害することになりますし、最悪の場合それが虐待につながる恐れもあります」

実際に医療的ケア児の母親が感染した事例の報道に私が初めて触れたのは、二〇二一年一一月一〇日でした。第五波で沖縄の医療的ケア児の母親が感染し、幸いに子どもは陰性だったものの、受け入れ先が見つからないまま母親は四〇度の高熱を出しても一か月間自宅で介護し続けるしかなかった、というのです。番組の中では、「医療的ケア児は入院先があったとしても、親子で同室に入院が基本」という医師の発言が流れました。これを「自宅療養」と呼ぶのか。母親は、自分の方が介護を要する状態になっていても、生きている限りは我が子のケアを担って当たり前とされてしまうのか……。

しかし、やがてデルタ株の猛威を経て感染力が一段と上がったオミクロン株の大流行によって家庭内感染が増え、こうした「自宅療養」が当たり前となっていきます。その体験は新版で平尾直政さんが書いています。

平尾さんは仕事で多忙だったので、二人の子どもの育児もその後の息子のケアも妻のワンオペとなっていました。二二年一月末に作業所で息子が感染。次に感染した平尾さんは入院となりました。母親も遅れて感染。倦怠感で身動きすら辛くても、トイレにも介助が必要な息子を放っておくわけにはいきません。病身の限界を超えた介護が続けば、人は心を病みます。当たり前のことでしょう。

やがて三人とも身体は元気になりましたが、作業所もショートステイも前のように利用できない日が続きます。妻の精神状態が回復しない中、平尾さんは息子の介護を自分が担うことを決意しました。定年まで数年を残して退職した平尾さんは今、介護を担いながら、それまで仕事の傍らやっていた大学院での研究をライフワークとして続けています。

オミクロン株の感染拡大では、GHで感染者が出た時に家に帰された人もありました。この体験を新版に書いてくれた沖田友子さんは、フルタイムで仕事をしています。いきなり「今日から閉鎖です。息子さんを自宅につれて帰ってください」と言われても、どうしたらいいのか困ったといいます。

また、介助を受けて一人暮らしをしている障害当事者の中野まこさんは、感染した際に入院できず、夜間は介助もストップとなったため、朝まで水も飲めずトイレもいけず、痰も出せないまま命の危機にさらされました。三日目に救急車を呼んでようやく入院できましたが、病院では何度も「家族は？」と聞かれたそうです。

コロナ禍の小児病棟では、入院している子どもの付き添い負担も過重となりました。これまでのように他の家族と交替することも食事や買い物に出かけることも許されず、親たち（多くの場合は母親）はストレスの大きな生活を強いられていました。その体験を書いてくれたmadokaさんは、「たとえ愛するわが子であっても、休息や食事を満足に取れずに自身の体調も崩しがちな状況下では、他人に優しく振る舞うことは難しくなります」と訴えました。

しかしmadokaさんがメディアの取材に応じた記事には、「親なんだから頑張るのも辛抱するのも当たり前」「いちばん大変なのは子どもなのに自分のことばかり」など非難のコメントが寄せられたといいます。

付き添い入院の負担については、その後、若い親たちから軽減を求める声が続々と上がり、少しずつネットで話題となっていきましたが、その頃に私が個人的に耳にしたのも残念な話でした。実は現場では看護師からの反発が強く、「最近の母親たちは子どものことをそっちのけで付き添いが辛いなどと言い、ワガママになって困る」という捉え方が主流だというのです。

四〇年近く前の母子入園の世界にあった「我が子のために母親は我慢して当たり前」という空気が思い返されました。あの医療の文化が今なお、こうして圧をもって私たち母親に吹きつけてくるのか……。

以前から根深かった「家族が介護するのは当たり前」という社会規範や、「母の愛さえあれば、育児も介護も苦にならないはず」という母性神話が、コロナ禍では「みんなが大変な時なのに、母親のくせに」という非難として強化され、親たちが苦境を訴える声を封じようとする圧が以前よりさらに増しているようにも感じられました。

一方、地域の福祉事業所の状況も深刻でした。中野まこさんが「利用者や介助者が陽性・濃厚接触者になったときの対応について、行政が各事業所に丸投げしていることも問題」と指摘していますが、第六波で堺市の社会福祉法人コスモスの複数の事業所でクラスターが発生した時の状況がメディアで報道された際、その過酷な状況は多くの人に衝撃を与えました。コスモスの関係者と親しい埼玉の新井たかねさん（社会福祉法人みぬま福祉会理事・障害者の生活と権利を守る全国連絡協議会会長）は新版でその状況について以下のように書いています。

「四十度近い熱が出て水分を摂れない状態になった人に救急車を呼んでも、受け入れ先がないからと搬送せずに帰ってしまう。せめて医師の診察を受けて症状を緩和するための薬だけでも、と職員が必死に頼んでも、何も対応してもらえない。コロナ病棟のようになった福祉施設で、職員が飲まず食わずに近い状態で支え続ける過酷な状況を見て、胸がつぶれる思いでした」

手元に集まってくるこれらの原稿を編集しながら、コロナ禍が炙り出しているのは、家族介護を含み資産としてきた日本の障害者福祉の矛盾そのものだ、と何度も痛感させられる思いでした。

国はノーマライゼーションの美名のもとに大規模施設を作らない方針を決め、入所施設の定員四％減という数値目標を設定して「地域移行」を進めてきました。一方、「地域」で障害児者と家族の生活を支援する十分な医療と福祉の資源整備は一向に進みません。二〇二四年に報告されたＮＨＫと佛教大学田中智子研究室の共同調査の結果によると、入所施設やＧＨの利用を希望しながらも空きがなく、待機状態の人が全国で少なくとも延べ二万二〇〇〇人に上ることとのこと。私は『殺す親　殺させられる親』で、医療と福祉の兵糧攻めとともに障害のある人たちのケアが家族と専門職へと自己責任化され、「棄民」が進んでいると指摘しました。それがコロナ禍でむき出しにされてきた、という気がします。

コロナ禍で様変わりし、負担が急増した生活の中で親たちが抱えている緊急時への不安も、平時から高齢期の親たちが案じ続けていた「親亡き後」問題にそっくり重なって見えます。障害者福祉制度が言う「家族支援」とはショートステイ、つまりは家族がずっと介護し続ける前提での「一時しのぎ」でしかないことの矛盾。多くのGH生活が親依存で成り立っている現実はそのまま、GHこそが「地域移行」の柱であるかのように言われることとの矛盾。まるで障害のある人の親は老いない・病まない・衰えないかのように、親が病気やケガをして介護を担えない状況になることが「緊急事態」と称されて、そのくせそれら「緊急事態」に対応するための資源は一向に用意されないことの矛盾——。

コロナ禍の前から私のインタビューで「親亡き後」について問われると、「考えられない……」と絶句していた人たちは、さらに老いを深めながら目の前のこの事態に何を思っているだろう、と胸の内を想像すると、いたたまれません。コロナ禍では親が障害のある子を手にかける事件も相次いでいます。常態化した人手不足に苦しめられてか、入所施設やGH等での障害のある人への虐待の報道も、もはや日常的になった観すらあります。我が子を施設に入所させている親たちにとっても、コロナ禍ですっかり様変わりした我が子の生活と親子の関係に「こんなはずじゃなかったのに……」という思いが深まるばかりです。

これから先の章では、面会制限の問題を中心に、コロナ禍での私自身の体験についてお話したいと思います。

2　第一波

クルーズ船ダイヤモンドプリンセス号での集団感染の推移を日本中が固唾を飲んで見守っていた二〇二〇年二月、広島では懸念は広がりながらも状況はまだ落ち着いていました。私は二月二日に県内の仲間たちと企画していた「第三回ケアラー支援講演会in広島」を予定通りに開催し、前の年に療育園で職員の欠員が増えたと聞いて女性の入浴日に行きはじめた、週に一度のドライヤー係も続けていました。三月一日の日曜日には沢山の家族が療育園に集まって、ひな祭りの行事を楽しみました。

雰囲気ががらりと変わったのは、県内初めてのコロナ感染者が報道された三月七日。海は八日からいつもどおりに帰省することができたのですが、翌週一五日の面会は玄関脇のフリースペース（カーテンで仕切って、テーブルセットが置いてある）で対面三〇分でした。その日のうちに「三月中は面会禁止」が決まり、四月も五月も継続されて、結局六月にＬＩＮＥ面会が始まるまでの三か月近く、まったく会うことができませんでした。

　それでも、まだこの頃はいきなり我が子に会えなくなったことに戸惑いながらも、気持ちは「仕方がない」とシンプルだったかもしれません。なにしろ世界中の誰にとっても未知の――したがって「訳の分からない」「恐ろしい」――新型ウイルスが蔓延してしまったのです。療育園には人工呼吸器をはじめ医療への依存度の高い人がいます。海も普段から風邪をひいただけで酸素マスクが必要になったりします。感染したら、みんな命が危ないのでは……と想像しただけで背筋が冷えて、どうぞ療育園に入りませんようにと祈る思い。素直に「命を守るためには仕方がない」と思うことができました。

　たまに着替えなどを持って行って「元気ですよ」と聞くと、海もみんなも案外に強いのかもしれないなと思ったし、まるで「親亡き後」の予行演習みたいだと考えたこともありました。なにより面会制限がここまで果てしなく続くとは、想像もしていませんでした。

　この頃のなによりの気がかりは、この生活の激変を海がどう受け止めているかという心配。分かりやすい言葉で状況を教えてやりたかったし、どうにか繋がって支えてやりたいという思いから、面会禁止になった翌週から手紙を書き始めました。

最初の手紙を書くと、海が握り込んだ手紙を嬉しそうに振り回す写真が届きました。担当職員さんは折りに触れて海の写真や動画を送ってくれました。外でしゃぼんだまで遊ぶ海の写真が届き、「自分で石鹸液をつけました。液がなくなると、『入れて～』と声を出して催促していました」などと読むと、もうダメです。「催促」している海の姿が目に浮かび声まで聞こえる気がして、かろうじて堪えている我が子恋しさが堰を切ります。目を真っ赤にした父親を「あはは、泣きよる～」と大笑いしてやりつつ、自分もティッシュの箱に手を伸ばす――。二〇二〇年の春から、父と母は感受性が赤剥けになりました。

手紙は、その後アクリル板越しに定期的に会える期間には休みながら、結局二年余り続きました。その間ずっと忙しい勤務の合間に海に読んで聞かせてくださった職員の方には、感謝するのみです。

広島で最初の緊急事態宣言が解除されたのは五月一四日。同時に面会も再開されるとの希望的観測が外れた時には、海への手紙に療育園へのメッセージを忍ばせました。

うみへ

おとうさんとおかあさんです。元気でいますか。海に会えなくなって、もう二か月が過ぎました。これだけ長いこと会えないのは、海が生まれて初めてですね。おとうさんもおかあさんも寂しくてならないのだけど、でも海が毎日そちらのみなさんと元気で笑顔で過ごしていると聞くので、海が頑張っているのにお父さんとお母さんが頑張らんで、どーする！　と我慢・我慢の毎日です。

……中略……

コロナという変な病気も少しずつ収まり始めているので、園長先生や副園長やみなさんが、面会できるように話し合いをしてくださっているそうです。海も少しずつストレスが溜まってきているだろうなと心配していますが、たぶん、もうちょっとの辛抱だから、もうちょっとだけ踏ん張ってください。

園長と副園長に「緊急事態宣言は広島では解除されましたね、面会禁止解除もすぐですよね、ね、ね」とおかあさんがしつこく言うております、「そろそろ会えないと本当に暴動を起こしそうじゃ」とも言うております……と、海から伝えてください。「早く会わせてくれないと、うちの母は本当に療育園の玄関で『面会させろ』というプラカードを持って座り込みかねません、そんなことをされたら私が恥ずかしいから、早く会わせてください」と海からもよくよくお願いしてください。

じゃあね。会える日を楽しみに、たくさん食べて、たくさん笑って、元気に過ごしていてください。

二〇二〇年五月一九日

おとうさん（へたくそな手書き）
おかあさん（へたくそな手書き）

私はコロナ禍を通じて療育園にさまざまな声をあげ続けてきましたが、その第一声はこんなふうに、まだ可愛らしいものでした。担当の方がどんな顔でここを読むかを想像してほくそえみ、「ついでに『海さんへの手紙にお母さんたらこんなことを書いてるんですよ』とジョークにして上層部に伝えてねー」と念を送る余裕がまだあったのが第一波だったかもしれません。

「会えない」辛さがいよいよ募ったのは、皮肉なことに待ちに待った面会が再開されてからでした。最初はＬＩＮＥ、次の窓越しを経て、やがてアクリル板越しに海と面会ができるようになりましたが、我が子に触れることもできず、園内の様子は全く分かりません。「一時の辛抱」とはもはや思えなくなる事態の中、けいれんが出てはいないか、脚の関節が硬くなってはいないか、ちょっと痩せたんじゃないか……。いかに「元気ですよ」と言われても本当はいろんな我慢が続いているはずです。気になることは山のようにあるのに、我が子のことが何も分からなくなっていくばかり。状況の変化に即して工夫しながら、ギリギリの決断で「面会」を残してもらえていることに感謝しつつも、まともに会えないことがこんなに辛いとは思いませんでした。

この頃から私は頻繁に海の夢を見るようになりました。夢の中でやっと会えて嬉しいのですが、海はすぐそこに職員さんと一緒にいるのに近づくことができなかったり、どうにかしてご飯を食べさせてやりたいと思うのに状況に阻まれ続けたりします。車イスに座った海が何か言いたそうなので、「うん、なに？ お母さんとナイショ話する？」と顔を寄せ、肌が触れそうになる瞬間に目が覚めたこともありました。夢の中ですら心が規制をかけていることが悲しくてなりませんでした。

一方、緊急事態宣言が解除されると、世の中は「新しい生活スタイル」を模索しつつ動き始めました。地域の子どもたちはマスクをして普通に学校に通い始め、地域の障害児者の生活支援サービスも制限付きながら徐々に再開されていきます。病院や施設の外来部門も同様でした。リハセンターでも、以前ほどではないにせよ患者さんや家族や業者が戻ってきました。私たち夫婦は週に一度の面会で療育園に向かう時、日常を取り戻したセンターの外来を横目に、いつも釈然としない気分になります。

面会時間の一五分はあっという間です。気の毒そうに、職員さんが娘を迎えに来ます。しばし戸惑う表情になりつつ、海はいつも勢いよく腕を挙げて手をぶんぶん振り回します。後ろ向きに連れ去られながら、盛大なバイバイで気持ちを吹っ切ろうとする我が子に、私たち夫婦はいつも胸が引き裂かれそうでした。

連絡事項や相談事があって、面会の前後にスタッフが娘の車イスのそばに立って私たちと話をすることがあります。そんな時、タオルでよだれを拭いたり、何気なく海の肩に手を置いたりされます。手が、ごく自然な動作で、当たり前のことのように海に触れます。そのたびに私は、アクリル板のこちらから、その手をつい凝視しそうになる自分を意識します。嫉妬に近い心のざわめきを覚えます。すぐ目の前にいる我が子に、私たち親は手を触れることを許されません。なんで――？　と思います。

もちろん、職員の方々の日々のケアのおかげで娘たちは守られています。そのことには感謝の他ありません。自分が感染するリスクもウイルスを持ち込むリスクも共に背負いながら園内で働く人たちは、まさにエッセンシャルな存在です。昼食はそれぞれ孤食、外食はもちろん県外への移動も禁止、買い物も週に一度と聞くと、申し訳なくて消え入りそうになります。ごめんなさい、ありがとう、今は皆さんだけが頼り、どうぞ、どうぞご無事で……と祈り続けずにいられません。それでも……アクリル板で隔てられたこちらから、海に触れる職員さんの手を凝視しながら、頭によぎってしまうのです。

海にとっては、私ら親こそがエッセンシャルな存在じゃないんかね……？　私はもう長いこと、お父さん以外の誰とも会わずに暮らしとるのに、それでも毎日いろんな人と接して働く職員さんより私の方が海に感染させるリスクが高いというんじゃろうか？

思いがけない事態に見舞われて「こんな時だから会えないのも仕方がない」とフリーズしていた頭が少しずつ動きを取り戻し、疑問が渦巻き始めました。なんか理屈が合わん気がするんじゃけど？　この「面会制限」、ダブルスタンダードじゃない？　なんで親だけがゼロリスクでないといけんのかね……？

コロナ禍の前、週に一度のボランティアに行き、ドライヤーを片手にデイルームで過ごす数時間は、入所のみんなともさまざまな職種のスタッフとも話ができて、楽しい時間でした。それまでも帰省の送迎や行事で頻繁に出入りはしていましたが、より「仲間」になれたような気がしていました。でも、けっきょく「仲間」ではなかった。「信頼できない危険な部外者」でしかなかった――。面会に行くたび、海との間を隔てるアクリル板に思い知らされるようでした。

そんな思いを第二波の始まりの頃だったか、数か月ぶりにようやく廊下でばったり会えた日、私は園長にぶつけてしまいました。

初代から数えて三代目になる今の園長とは、赴任と同時に海の主治医になられた時から、それぞれの不器用さゆえに何度もぶつかり合いながら信頼関係を築いてきた長い経緯があります。言動はおそろしく不器用で誤解されがち（ここは私もまったく同じです）だけど、いつも誠実に向き合ってくれる温かい人だというのはもう承知しています。「ダブスタじゃないんですか」「なんで親だけがゼロリスクなんですか」「仲間じゃなかったんですね」などなど、思い切りストレートにぶつけてしまったのは、そんな園長に私が甘えたのだろうと思います。

私の苦しみが吐き散らされるのを、園長は「確かに、そうですね」「そう思われますよね……そうだろうと思います」と、言葉少なに受け止め続けてくれました。そして数日後、娘の主治医から聞かされたのは「児玉さんと話した後で園長、頭を抱えて唸っていました」。主治医もまた本人たちのため家族のために、コロナ禍ではずっと一貫して「面会だけは」と会議で主張し続けてくれた人です。何とも言えない気持ちになりました。

個々の施設での判断はどうしても法人全体の感染対策方針に縛られるため、施設長として面会制限を緩和してやりたいと考えても自由にならず、もどかしいという事情は、仕事でお付き合いのある他県の施設長などから何度も聞いていました。だから板挟みの立場は分かっていたのに、一方的に責めてしまった、申し訳なかったという思い。それから、頭を抱えて唸るほど正面から受け止めてもらったことに、ありがとう、という思い。そうして一緒に苦しんでもらえていることに、なにより慰められました。

仕事を通じて個人的に親しくしてきた専門職の多くも、面会制限のありようにはモヤモヤを抱えていました。ある施設長さんが「一人のお母さんから『特別支援学校の先生は娘のベッドサイドで授業しているのに、母親である私はなぜ会うこともできないんですか』と詰め寄られて、何も言えなかった」と打ち明けてくださったこともありました。

「そのお母さんは先生にだから言えたのですね。お二人の間に信頼関係があったから言えたことですね」とお返事したように記憶しています。

誰もが「仕方がない」と思考停止したまま面会制限をめぐる状況はいっこうに動かず、施設の人たちはこのまま閉じ込められてしまうのか……と閉塞感に塗り込められそうになる中、面会を制限せざるを得ない立場で苦悩してくれる施設長や医師がいることは、私にはなけなしの希望とも感じられました。

ずいぶん時間が経ってから次に園長と廊下で出くわして立ち話をした際、不器用な園長が別れ際に一言つけ加えてくれました。

「児玉さん、私たち、仲間ですから」

6

いのち

コロナ禍の面会制限で海に会えなくなってから、私はよく町を歩き回るようになりました。

ずっと昔、六歳の海が施設で暮らし始めた後にも数年間、どうにも整理のつかない感情を持て余すと、気が向いた町まで車を飛ばして手近なスーパーに車を停めては、やみくもに歩き回ったものでした。あの頃、心にキリキリと切り揉まれるようだった「私は我が子を施設に棄てたのだ」という自責の念は、その後の年月の間には「もっと頑張ってやれなかったか」「今からでもどうにか家に連れ帰ってやれないか」という繰り言にも似た自問に形を変えて、完全に消え去ることはありません。それでもその後の年月の間に私たち家族なりに生活のリズムは安定していきました。

そのリズムが海の帰省や施設での行事の予定を柱に成り立っていたことを、その柱をいきなり抜き去られて初めて痛感させられるかのようでした。骨抜きにされた日々は液体のようにだらしなく垂れ拡がる時間に過ぎないものとなり、どうやり過ごせばいいのか、分かりませんでした。

そんなふうに町をほっつき歩き始めた頃、ちょうど桜の季節を目前にした町には至るところに色とりどりに花々が咲いていて、異様なほど鮮やかな色彩に目を射られるようでした。突然に日常を奪われた衝撃で、感覚が鋭敏になっていたのかもしれません。でも、その美しさに心はどこか距離を置いているようでした。やがて桜が満開になると、その豪奢な美しさも私の心は受け止めかねて戸惑いました。満開の桜越しに晴れた青空を見上げながら思い出されるのは、海が生まれてすぐＮＩＣＵにいた頃のある朝の風景でした。

当時、住んでいたのは海沿いの小さなマンションでした。我が子の命の行方を案じて眠れない明け方、リビングのカーテンを引くと瀬戸の海に日が昇っていくところだったのです。島影から昇る日は瀬戸の景色の色合いを刻々と変えていき、やがて昇り切った日が穏やかな波にきらきらと弾き返されると、世界がいきなり力に満ちたかのようでした。その日一日のいのちのエネルギーが放射される力強く輝かしい光景に、息をのんで見入りました。そして、そのまま祈りを込めて、海に呼びかけたのを覚えています。

うみ、世界はこんなにも美しい。だから、どうか生きて。あんたが生きて見んといけん美しいものに、世界は満ちている。あんたには、生きて、見んといけんものが、いっぱいある――。

二〇二〇年の春、人がものすごい勢いで死に始め、誰もがしんと息をひそめて暮らす世界で春がこんなにも爛漫であることが、宇宙規模の皮肉のようにも、世界のどこかが決定的にチグハグになってしまった証のようにも感じられて、私自身の感情も思考もバラバラに散らかったまま、ただ歩くしかない日々でした。

そんな時、歩きながらうわごとみたいに、うみ、うみ……と、おろおろと呼びかけている自分を、まるで自分のいのちのありかを確かめているみたいだ……と思いました。

3　要望

　第一波がやってきた当初、海のストレスへの心配のほかに、私の大きな気がかりは「万が一にも海が感染したら……」という懸念でした。いざという時、新型コロナ指定病院は受け入れてくれるのか……。社会に拡がる「高齢者の医療は後回しでも仕方がない」という空気を思うと、きっと受け入れてはもらえないだろうと思いました。もし受け入れてもらえたとしても、そこにまた別の懸念がありました。

　海は中学生時代に総合病院に転院して腸ねん転の手術を受けましたが、その際、痛みのケアを十分してもらえなかったことが私にはトラウマ体験となっています。海はもちろん必死で痛みを訴えていたし、親も療育園の医師や看護師も「痛がっている」と代弁したのですが、外科医は相手にしてくれませんでした。背景にあったのは、どうせ痛みなど分からないという偏見と、何が起こるか分からない重症児になるべく余計なことをしたくない医師の保身だったと思います。親が付き添って代弁も抗弁もしてなお、総合両院のスタッフの障害への無知と無理解はことごとく無用な苦痛や不快となって海に降りかかりました。そして障害に必要な配慮をお願いするたびに、「手のかかる患者を受け入れてやっているのに、要求の多い迷惑な患者だ」と白眼視されました。

その時の体験を思うと、感染症指定病院で面会すら許されず、自分で苦痛や不快を訴えることができないこの子は、いったいどんな目に遭うのか……。その果てに、よもや会えないままの別れになるのか。ずっとケアしてくれた人に囲まれた療育園ならまだしも、見ず知らずの他人に囲まれて、たった一人で死なせることになるのか。海はその時どんな思いで死んでいくのか……。考えただけで耐えられません。そんなこと、させられない！　どんどん思いが切迫し、気持ちのやり場がなくなっていきます。

第二波がやってきてまもなく、我慢できなくなった私は親しくしている役員を通して家族会役員会に要望を出しました。「万が一感染して感染症指定病院に転院となる場合は、個々の家族と十分に話し合ってほしい」、「万が一感染して療育園内で療養することになった際には、会えないままの別れだけは避けられるように、親が面会や付き添いできるよう対策を検討しておいてほしい」。この二点を家族からの声として療育園に上げてほしい、と申し入れたのです。

要望は役員会に一蹴されました。その場で出た意見の概要を伝え聞いたところでは、「転院するのは仕方がないこと。お任せするしかない」「女親だからこういう気持ちになるだけ。男親には理解できない」「療育園がこんな大変な時に、親が余計なことを言って園に迷惑をかけるべきではない」などの反応だったとのこと。唖然としました。

かつて人権意識の高い支援職がいた頃、療育園でも身体障害の人たちを中心メンバーに本人たちの自治会活動が熱心に行われていた時期がありました。今も自治会そのものはあるようですが、熱心だった身体障害の人が去り職員の異動や減少とともに活動内容は様変わりしてきたようです。そんな中で、家族会こそが重い障害があって自分で声をあげることができない当人たちの代弁者とならずにどうする？　それなのに、あろうことか家族会が親たちに向かって療育園の代弁者となり、口を封じにかかるのか……。腹が煮えました。

しかし、これから起こりうる事態を考えると、役員会に阻まれて終わるわけにはいきません。思い切って個人的に園長と副園長に手紙を書きました。

園長からは、「未曽有の事態とて実際にその状況にならないと分からないことが多いが、児玉さんの思いは真摯に受け止め、これからの『宿題』としてスタッフのみんなとできることを考えたい」と丁寧なお返事がありました。副園長はじっくり思いを聞いてくれました。主治医の「いつものように、お母さんの考えに私たちの方が追いつけていない状況なんだと思います」という理解にも慰められました。看護師長は「私らも今はまだ防護服の着脱のやり方から職員が研修しとる段階なんよ。これから順次やっていかにゃいけんことが山積みじゃけぇ、まだそこまで頭が回らんのよ」と正直に打ち明けてくれました。

前のようにしょっちゅう顔を合わせていれば気軽に話ができて、親の不安を知ってもらうだけでも気持ちは落ち着いたものでした。毎週のように出入りして園内の様子は一目瞭然で、職員の誰彼と気軽に冗談を交わせていた以前の日常が、とりたてて意識せずとも、いかに体感的な信頼になっていたことか——。三月半ばから接点がなくなった親と療育園の間に大きな隔たりが生まれていることを、改めて思い知らされるようでした。

その後も、私は何度か家族会役員会に対して要望を出しました。「コロナ禍で家族同士も会えなくなり、それぞれが辛い思いをしているはずだから、療育園と相談し感染予防策を取ったうえで、家族だけで思いを語り合える場を設けてほしい」と要望したこともありましたが、何も起こりませんでした。

「家族会として療育園にこれこれを申し入れてもらえないか」と提案したことは、その後も何度かありました。例えば「正月休みに帰省できないまま入浴回数が減るなら、その間に陰部洗浄だけはしてもらえないか」などです。海一人の問題であれば担当職員にお願いすればいいのですが、全体の問題ですから家族会から療育園に要望するのが筋だろうと考えました。しかし、いずれの時も役員会は却下。会長からは検討結果の連絡すらなく、耳に入ってくる断片情報から推測するに、要するに「こんな時に親が余計な雑音を立てるな」「黙って、療育園に感謝していろ」ということのようでした。

いずれの時も役員会が却下した後、私単独で、あるいは同じ思いの親たちの「有志」として、園長をはじめ療育園上層部に要望の手紙を書きました。その都度、療育園には誠実に対応してもらうことができました。

正月休みの陰部洗浄について要望した際には、「その必要については現場職員が気づいて、すでに必要なグッズを準備してくれていました」という園長からのお返事でしたが、ここで数人の親たちが連名で手紙を書いたことは園長を大きく動かすことになります。私たちの手紙を機に意思疎通の不足に気づいて危機感を持った園長から、この後、親たちの元に頻繁にお便りが届くようになりました。

コロナ禍の五年間を通して、人工呼吸器など医療への依存度が高く、感染した際の重症化リスクが大きな人を多数抱える重症児者施設は、日本全国で厳しい面会制限を続けました。新型コロナウイルスが感染症分類の五類に移行した後も、面会制限は続いています。そんな中で、娘の施設では感染状況が変化するたびに会議で面会制限のあり方を頻繁に検討しては、対面面会、アクリル板越し面会、窓越し、玄関越し、ＬＩＮＥ面会を、細やかに切り替えてもらうことができました。感染状況が落ち着いてくれば、短時間の外出や外泊にもチャレンジしてもらえたし、五類への移行の前から、依然として入院では面会禁止を続けるリハセンターに先駆けて療育園で対面面会が始まったことも、嬉しいサプライズでした。

面会制限の変更が会議で決定されるたびに、変更内容とその理由について園長自身の言葉で手紙を書いてもらえたことには、家族みんな心から感謝しています。とりわけ面会がより厳しく制限される際には、具体的な数値を挙げての状況説明と、苦渋の選択をせざるを得ない園長の胸の内が率直に吐露されていて、多くの家族が読みながら泣いたと言います。

ズッコケたのは、役員会に「家族会として園に申し入れをしてほしい」と何度めかの要望を出し、「園長からは頻繁に手紙が来るし、園はよくしてくれている。私たちは園に感謝していて不満はない」と突き返された時。思わず、ののしりの言葉が口からこぼれ出ました。

バカ言ってんじゃねぇ。何もせずに今があると思うなよ。今の療育園の対応があるのは、アンタらが知らんだけで、誰かがどこかで勇気を出して行動し、声をあげ続けてきたんじゃわい（怒）。

4 「迷惑な患者」問題

療育園とのやりとりから、思いを伝えれば誠実に聞いてもらえるとの信頼を取り戻せて少し気持ちが落ち着いた私は、それまでずっと気になっていたことをネットで調べ始めました。まずは、知的障害のある人たちが医療をめぐってどんな体験をしているか。これは、障害のある子をもつ親ケアラーの生活はどうなっているのかという気がかりと並んで、第一波の当初から私の頭を離れない懸念でした。コロナ禍以前から私が「迷惑な患者」問題と呼んで、さまざまに書いてきた問題があるからです。

日本ではまだこの問題の存在すら認識されていませんが、英国では知的障害者のアドボケイト団体メンキャップ（Mencap）によって、医療現場の偏見と無理解のために知的障害のある人たちが適切な医療を奪われ、時に命すら落としている実態が明らかになっています。アシュリー事件を調べていた二〇〇〇年代にメンキャップのキャンペーンを知った時には、衝撃を受けました。海の腸ねん転の時の病院の対応は、日本の田舎だから起こったことでも私たち親子だけの体験でもなかったのです。以来、私はこの問題を「迷惑な患者」問題と名付けて、英国の関連情報をさまざまに紹介してきました。

日本でも、障害領域の医療現場でこそ温かく受け入れられていても、それ以外の医療が必要になったとたんに、一般の医療現場では障害のある患者は「余計な手間がかかってリスクが大きい迷惑な患者」と敬遠されてきました。とりわけ近年では、医療制度に導入された効率化と成果主義により、以前は成人した後も受け皿になってくれていた大きな病院の小児科病棟が障害「者」を受け入れなくなりました。町の医院などでも「こういう人はうちでは診られません」とあからさまに拒否されることが増えていると、新型コロナがやってくる前からいろいろ聞いていました。

前から障害のある人をとりまく医療環境はそういう状況だったのに、コロナ禍で障害のある人たちと家族が医療を巡ってどのような体験をしているのかを想像すると、心がざわめきます。実際、第一波の終わり頃には私の周りでも、知的障害のある人が感染したが病院に受け入れを拒まれたとか、持病で入院したが付き添いを認められず、治療に協力できない患者だと医師から苦情を言われて退院せざるを得なかったといった話が、耳に入っていました。

後に『コロナ禍で障害のある子をもつ親たちが体験していること』にも執筆してもらうことになる「よかネットあいち（愛知県障害児の地域生活を保障する連絡会）」代表の浅野美子さんからは、「身近に知っている重い知的障害のある人が持病で入院し、意思疎通が難しい人なのに付き添いも面会も認められなかったので、みんなで心配していたら急変して亡くなってしまった」という話を聞きました。埼玉の新井たかねさんも、娘さんが持病の治療で入院したが面会も付き添いも認められず、本人が一週間ずっと食事が摂れなかったので、退院させるしかなかったということでした。

そんな話を聞いていると、漠然と感じていた疑問が少しずつ「面会制限は二つの形で障害のある人の人権を侵害しているのではないか」と明確な形を取っていきました。一つは、付き添いや面会の禁止は「障害のある人が適切な医療を受ける権利を侵害し、命を脅かしている」。日本でもすでに英国と同じことが起こっている。きっと、これからもっと起こってくる――。

もう一つは、これまでも感じてきた「病院・施設での長期に渡る外出と面会の禁止はQOLを低下させ家族との関係性を奪って、本人と家族双方の人権を侵害しているのではないか」。日本ではもともと「権利」意識が薄いところにコロナ禍ではさらに見失われて、このままでは患者や入所者の権利はなしくずしにされてしまう……。危機感が募ります。調べてみたいことは山ほどありました。

日本の障害のある人たちの状況については、まだこの段階ではネットに情報がほとんど見当たりませんでしたが、やはりメンキャップは早くも「私をちゃんと治療してください」と銘打ったキャンペーンを展開していました。

英国では「知的障害看護師」が公式な看護師の資格となっており、病院や地域に配置されています。メンキャップはこの知的障害看護師に知的障害のある人たちがコロナ禍でどんな医療体験をしているかについてアンケート調査を行って、二〇二〇年七月にホームページ（以下ＨＰ）で結果を公表していました。ＨＰには個々の当事者の医療体験も掲載されており、やはり私が懸念していた通りの状況となっていました。メンキャップはこれら体験談を別途一二月に報告書「私の健康、私の命、パンデミックにおける知的障害のある人たちの医療への障壁」として、提言と共に公開。さすがの動きでした。

英国ではメンキャップの粘り強いキャンペーン活動のおかげで二〇一三年に公的な調査が行われ、推計で年間一二三八人の知的障害のある人が適切な医療を受けられずに死んでいる、そのうちの三七％は命を救うことができたはずのケースだという結果が報告されています。その調査結果を受けて二〇一五年に作られたのが、知的障害死亡調査プログラム（LeDeR）でした。毎年、知的障害のある人の死亡事例について情報が集められ、LeDeRはそのデータを分析して年次報告書を出します。

そのLeDeRからも二〇二〇年一一月に報告書「知的障害のある人々のCOVIDによる死」が出ていました。第一波でコロナで亡くなった知的障害のある人たちのデータを一般の人と比較検証し、状況の改善に向けた提言を七六も挙げています。メンキャップもLeDeRも、「合理的配慮のためには感染予防の厳格な方針の変更が必要になることもある」「医療現場で知的障害のある人に付き添いを認めることは、とりわけ病院においては、命に係わるほど重要な合理的配慮である」などと書いていました。

プリントアウトしたこれらの報告書を、赤ペンを手に一所懸命に読み込みました。日本ではコロナ禍以前からこの「迷惑な患者」問題に目を向ける学者もジャーナリストも、見当たりません。障害者医療と福祉に携わる専門職もここは意識が薄いままです。問題そのものはコロナ禍でより深刻になり、より多くの人が影響されているはずなのに……と思うと、これらの内容を早く日本でも紹介しなければ、と焦っていました。

実はこの「迷惑な患者」問題は障害者福祉の家族依存や「地域移行」の問題にも直結していると、私は考えています。健康な身体障害者も知的障害者も医療的ケア児者も、いずれ加齢とともに障害領域以外の一般の医療を必要とするようになります。国が押し進める「地域移行」で障害のある人たちが無事に暮らしていけるためには、その「地域」で適切な医療が十分に保障される必要があるはず。そして、そのためには、その手前の壁である「迷惑な患者」問題の解消が不可欠なはずなのです。そうでなければ、現状の「地域」でのGHや自立生活では、いざという時の医療の確保は当事者と家族と支援者の責に帰されたまま、調達できた医療の範囲で「粛々と看取っていく」ことになりかねません。コロナ禍で「高齢者も障害者も医療は後回しで」という空気が広がっていることを考えれば、その空気は今後ずっと残り続ける懸念すらあります。それなのに、「地域でヘルパーの介護・介助さえあれば自分らしく幸せに暮らせる」というステレオタイプのお題目で「施設から地域へ」と説く人たちは福祉で目が止まり、その先の医療への危機感が欠落していると思えてなりません。

各国の面会制限をめぐる議論も調べてみました。オランダの第一波では施設がロックダウンされましたが、政府がその直後に二十数か所の高齢者施設で試験的に家族と面会させる予備調査をしたうえで、面会に関するガイドラインを出していました。そこに「拘束の回避がこんなにも進んだ時代にあって、入所者に面会と移動を禁じるのは自律と自己選択の権利への深刻な脅威である」という一文を見つけた時には、息を飲みました。私がずっと感じてきた違和感が、ズバリ言葉になっていたのです。

英国政府の面会に関するガイドラインも「入所者にとっても家族にとっても面会を通じて大切な人との関係を維持することは互いのウェルビーイングに極めて重要」と認め、面会のメリットと感染拡大リスクとのバランスをとる必要を説いていました。日本の医療と介護の現場が「こんな時だから面会禁止も仕方がない」と思考停止を続ける中、世界のあちこちに、なんとか患者・入所者の権利と尊厳を守りたいと模索を重ねる専門職がいることも知りました。少数ながら日本にも、同じような視点から現状に疑問を投げかける医療職がいました。

こうして調べたことは毎月、私自身の親としての体験や思いとともにウェブマガジン「地域医療ジャーナル」（二〇一五年七月創刊。二〇二三年三月号で配信停止）に書き続けました。執筆者も読者もほとんどが医療関係者という小さなジャーナルです。拙著を読んでくれた編集長の医師に誘われて、創刊号から記事を書いていました。面会制限について書いてみた記事に読者から肯定的なリアクションがあると、そんなに間違ったことを言ってはいないと励まされます。とはいえ、まだ、この小さなジャーナルに書いては反応を見ているような、意気地のなさではありました。

転機となったのは、二〇二〇年一二月に新型コロナウイルス感染症の倫理的法的社会的課題に関する研究・地域包括ケア班からZoomでヒアリングを受けた日でした。「地域包括ケア」班でもあり、福祉の家族依存がコロナ禍でいかに炙り出されているかを中心にお話ししたのですが、質疑の時に代表研究者で医療社会学者の武藤香織さんから「施設での面会状況についてはどうお感じですか」と水を向けられるや、言葉があふれ出ました。我が子に会えない辛さや、ダブスタではないか、人権侵害ではないかという疑問を熱く訴えずにいられませんでした。武藤さんは政府のコロナ対策の専門家会議や分科会のメンバーでもあります。共感的に聞いてくれた後で、自分もこの面会制限は人権の侵害だと感じて、どうにかしたいと頑張っているが、政府が面会制限についての判断を個々の施設にゆだねてしまったから、この状況では誰も動かない、自分としては政府が動きを作るしかないと考えて会議で面会制限と闘っている、難しいが闘い続ける、と言われました。

その言葉はおなかの深いところにずしり、ずしりと落ちていき、そうか、と思いました。そうか、政府のコロナ対策の真っただ中に身を置く人が、同じように感じ考えてくれていたのか。そして、その人がそんなところで身体を張って闘い続けてくれているのなら、私が親の立場で奮い起こせる勇気など、なにほどのものでもないじゃないか。それなら、私も自分に与えられる場で言うべきだと思うことを伝えればよい。そう思ったのです。

ちょうどZoomを利用した会議や研修会が普及し、講演依頼が復活していました。障害児者の医療・福祉・教育関係の集まりから声がかかることも少しずつ増えてきました。場によって親の立場から率直に語ることに臆しそうになる時、自分を励ますべく思い返すのは、海が生まれた直後に授乳室で迷惑顔の看護師さんに向けて振り絞った勇気のこと、そしてあの「バトル」で一人の母親の思いに応えてくれた人たちの存在でした。

それらの講演で、コロナ禍であぶり出された平時からの問題として私がこれまで指摘してきたのは、①障害者医療と福祉の家族依存、②医療現場の障害者への偏見と無理解「迷惑な患者」問題、③面会制限による人権侵害の三つです。

5　コロナ禍で親がものを言うということ

二〇二一年から二〇二三年を振り返ると、夢中で仕事をしていたなぁ、という気がします。「一時の辛抱」のはずだった新型コロナウイルスは変異を続けながら居座り、いつ終息するとも知れません。海に会えるも会えないも感染状況次第なのに、やっと収まるかと期待する端からさらにひどい事態がやってきます。翻弄され続ける心は少しずつ疲弊し、心身のバランスを崩さずにいるためには仕事にエネルギーを振り向けて時間をやり過ごすしかない日々でもありました。

二一年は秋から旧版『コロナ禍で……』の企画と編集に無我夢中となり、すぐさまその増補新版の編集に追われるうち、二三年には年明けに思いがけないオファーがあって、ちくま新書『安楽死が合法の国で起こっていること』を書き、秋に刊行となりました。

その間に、障害当事者団体、親の会、学会など専門職の大規模な集まり、専門職の小さな集まり、医療と福祉の法人や事業所の職員研修、行政の職員研修あるいは啓発行事などから講演のお声掛けがありました。いただくテーマはさまざまですが、コロナ禍で起こっていることは平時の社会が抱えていた課題や矛盾だと考える私は、どんなテーマの時にもコロナ禍での親たちの体験についてお話しし、三つの問題を提起することにしていました。多くの場で、「社会保障の家族依存」（老障介護とケアラー支援）には理解と共感が寄せられやすく、二つめの「迷惑な患者」問題はスルーされがちな印象です。リアクションはだいたい最後の「面会制限の人権侵害」に集中し、それらはぱっきりと両極でした。

ある障害当事者団体で講演した際には、その団体のトップの方が「権利ばかりを主張されても困る」と言われました。ご自身が障害当事者で、障害のある人の権利を求めて闘ってきたことで著名な方でした。その団体が入所施設を擁しているので、その立場からの言葉だろうと推測しましたが、ご自身の運動の中でおそらく同じ言葉を向けられてきただろう当事者でも、立場が違えば口にするのが人間なのかと思うと、ちょっと悲しい場面でした。

ある大学の大学院生を対象にした研修会でのZoom講演で、質疑の時間に、大学院生であり看護大の教師でもある方が怒りを抑えかねるといった切り口上で言われたのは、私の記憶では以下でした。

「あなたが医療に怒りを抱えておられることは、よく分かりました。ご理解いただけていないようですから医療関係者の側の事情をご説明いたします。コロナ禍で、もう二年ほど看護学生は実習に入ることができず、このまま現場での実習が困難な状態が続けば、近いうちに医療そのものが成り立たなくなってしまうと、私たち医療関係者はたいへん危惧しております。私たちとしましても議論を重ねており、国民の皆さんに看護学生の実習が入ることへのご理解を求めるべく、ただいま何らかの文書を出すことを検討しているところです。医療がこれからも安定的に提供されていくためには実習が病院や施設で行われていくことが不可欠なのだということを、どうぞご理解ください」

私は「理髪業者も実習生も入っているのに、なぜ家族だけは入れないのか」と問うているのであって「家族を入れないなら実習生も理髪業者も入れるな」と主張しているわけではないので、「反論」になっていないのですが、講演先や個人的な関係の人とのやり取りの中でこの矛盾を指摘してみると、返ってくる答えはいつもこのパターンでした。「最初は職員が髪を切ろうとしたんですけど、なかなか難しいので入ってもらうしかなかったんです」、「でもあの人たちには、毎回ちゃんと検査を受けてもらっているんですよ」など。

全国各地の施設で多くの親たちがおそらく同じ問いを口にしては、こうしてチグハグな答えを返されてきたことでしょう。そしてそのたびに「でもそれなら、親だって同じ手順で毎回検査を受ければ中に入れることになりませんか？」という「論破」の言葉を、立場をわきまえて飲み下してきたのだろうと私は推測しています。

面会制限の目的（根拠）は感染予防のはずでした。当初は「とりあえず締め出せる人はみな締め出しておく」しかなかったのでしょう。それは未知のウイルスに直面した混乱の中で、とりあえず打てる手としてはやむを得ない選択だったでしょう。が、その後、その線引きがいつの間にか「締め出しておいたのでは不都合が生じる人たち」と「締め出し続けても不都合がない人たち」へと変わってきたことに、親たちは本当はとっくに気づいています。それでも私たちは立場をわきまえて、それを正面から指摘する言葉を飲み下してきました。私たちに飲み下させるものの正体が、あの日のあの看護師さんの言葉の選択と態度に象徴されていたような気がします。

デルタ株が急速に勢いを失った二一年の秋あたりからは、対面やハイブリッドの場も少しずつ増えていきました。学会・研修会など大きな場に出かけていくようになると、そこで目の前に展開する状況が自分自身の生活圏とはまるで別世界のように思えて、そのギャップに激しく戸惑いました。

人びとが全国各地から大勢集まって名刺交換をし、談笑し、時には懇親会も開かれています。言葉の端々からは、すでに多くの人が仕事上の必要があれば各地に出かけていることも察せられました。そんな人たちの中に身を置いていると、地元で今なお延々と閉じ込められ続けている海のこと、日本全国で海と同じような息苦しい生活を強いられている人たちのこと、打ち続く面会制限で鬱状態に陥っている私を含めた親たちへと思いが向かっていきます。障害のある人と私たち親が置き去りにされたままの世界は、自由を取り戻していく人たちの世界からは完全に切り離されて、誰からも顧みられることもなく、どこへともなく果てしなく漂流する無人島か何かのように思えました。

講演後に知り合いの重症児者施設の関係者が「胸に響きました。児玉さんが言う通りです。帰ったら、うちの施設長に面会制限は考え直さないといけないと直言します」と言ってくれたこともありました。

その直後に、朝方に会場入り口で会ってにこやかに挨拶をしてくれた「偉い人」と狭い廊下で行き会い、「お世話になりました」と言おうと笑顔を作りかけた時、その人が見下すような一瞥を投げて寄こしたかと思うと、不愉快むき出しの無言で通り過ぎていったこともありました。

また別の会では、「面会制限の厳しさとクラスター発生との間に相関関係があるというエビデンスは、実はないんですよ。制限がものすごく厳しいところでもクラスターは出ているし、逆にうちではベッドサイドまで家族を入れているけど今のところ問題は起きていません。面会制限は、施設長の肝っ玉のサイズ次第ですね」と、耳打ちして笑わせてくれた重心施設の施設長さんもありました。

実際、親しい専門職との個人的なやり取りの中でも、こうした仕事の場での率直な会話の中でも、多くの人が面会制限を「やりすぎ」だと考えていました。影響力のある立場で、どうにかしたいと積極的に動いてくださった方々があったことも知っています。それでも事態は動きませんでした。「みんな本当は疑問を持っているけど、大勢に逆らうことができないまま、細かく面会を工夫する程度のささやかな抵抗しかできないでいるんだと思います」と言われた方もありました。

その背景について私は「横並びで突出したことをしたくない官僚的なムラ社会」と書いてきましたが、先日、医療人類学者の磯野眞穂さんが著書『コロナ禍と出会い直す――不要不急の人類学ノート』(柏書房、2024)で、コロナ対策に見られる私たち日本社会の特徴を「和をもって極端となす」と表現しているのには、爆笑しながら膝を打ちました。磯野さんがその表現で意味するところは以下です。

極端な対策により社会の調和がそれなりに取り戻されると、その和を保つことが最優先事項となる。おかしいと感じる人は存在するものの、波風を立てることを恐れ、自分の所属組織で声を上げることはしない。結果、対策の副作用として深刻な問題が

生じても、それは見過ごされたままとなり、対策は漫然と続いていく。(p. 6-7)

私は絶妙な表現につい爆笑しましたが、笑って終われないのは、磯野さんはさらにそこに第二次世界大戦の時の、明確なビジョンを欠いたまま精神論だけで突っ走った上層部と、それに翻弄されて戦場で多くの人が死に追いやられていった状況を重ねて論じているからです。堺市の社会福祉法人コスモスで起こったクラスターのように、外部から何の助けもない中で福祉職員が防護服に身を固めて泊まり込み、生身の限界を超えた専門外の看病を強いられ続ける事態は、全国あちこちの高齢者施設、障害者施設で起こりました。そんな現場職員の姿を見て、ある高齢者施設のケアマネが「あ、日本兵だ」とつぶやいたというエピソードが書かれています。

嬉しかったのは、コロナ禍だからこそ聞きたい、聞かなければいけない、と研修会を企画し講師に招いてくれる事業所がいくつもあったことです。

ある重症児者施設の職員研修は、幹部職員の方が「児玉さんの話はいつもちょっと耳に痛い。でも、だからこそ聞きたい。職員にも聞かせたい」と企画してくれたものでした。

私たちの『コロナ禍で障害のある子をもつ親たちが体験していること』を読んで「整理がつかない思いは残ったけれど、一方で、コロナ禍での自分達の対応を総括もせず、このまま日常に紛れさせていいわけがないと気づいたから」という依頼もありました。

ずっと昔から地域で地道に実践を積み重ねてきた福祉法人や事業所の人たちが異口同音に語ってくれた、研修会企画の意図は例えば以下のようなものでした。

「私たちはずっと昔から仲間たちと親たちとずっと一緒に作ってきました。だけどコロナ禍では、仲間だったはずの親たちに大きな負担をかけてしまった。親がそれぞれ大変な状況だというのは分かっていたのに、自分たちも感染者が出ると職員も休んで人のやりくりが大変で、そうせざるを得なかった。今ここで親たちとの関係を一度きちんと考え直す必要があると考えました」

コロナ禍でみんな自分の苦しみで精一杯になり、知らず知らずのうちに互いに傷つけあってしまう中、ここまで深い思いで親の声に耳を傾けてもらえるのか、この人たちはここまで厳しく自らの実践を問い続けるのか、と心が震えました。

ある研修会では、地域の支援職から「自分たちは医療職でもないのに、一人暮らしの人が感染した時の対応まで現場任せになって、何もかもを自分たちで判断しなければならない」などの辛さをたくさん聞き、心が痛みました。また、「自分たちは制度に飼いならされていたことに気づいた」という鋭い発言にハッとさせられました。「感染対策に懸命になっていて、気がついたら、ここは生活の場なのに、いつの間にか病院のようになっているじゃないか、と愕然とした」と。その洞察の深さに唸りながら、この問題に気づける専門職が施設でも地域でもどれだけいるだろうか、と考え込みました。

もはや誰がやっているのかすら分からない、誰もがおかしいと感じているのに誰にもどうにもできない、得体の知れない「禁止」「制限」の抑圧と閉塞感に社会全体が覆われて、個人的にも我が子と隔てられ続けて抵抗するすべもない、無力感に塗り込められそうな日々の中、そんな深い思いをもった人たちと出会い、立場を超えて語り合えることは救いでした。

親の会でお話しする時には、私がまず自分自身の体験や思いを物語ることによって、聞いてくれた人たちがその後の交流の時間で、それぞれの体験と思いを驚くほど率直に語ってくれることがよくあります。そういう時の語りは、心の奥底にずっと仕舞いこんで誰にも言えずに来たものを今ようやく初めて口にできる、というような辛い体験や痛切な思いの吐露だったりします。が、語られる中身は苦しく重いものであっても、それらが率直に語られ共有されていく場にはいつも温かく親密な空気が拡がります。そして語るにつれ、みんな表情がどこかさっぱりと爽やかになっていかれます。語ることができるのは、すでに乗り越えたことだからではないかと私は推測しています。まだ語ることができない人も、自分と同じ思いを誰かが語るのを聞きながら、どこかで癒されていくのではないでしょうか。仕組もうと意図して作り出せるものではありませんが、私はそんな稀有な場に身を置くたびに、人が心を開いて語る言葉がもつ力、人が思いを語ることそのものがもつ力に打たれます。

コロナ禍では専門職との間でも、そんな場をよく経験させてもらってきました。講演後に少人数で話ができる時間があると、そこにいる人が職場でもなかなか口に出せなかったコロナ禍での現場の過酷さ、辛さ、ずっと忘れられず苦しんできた事例のこと、日々の支援に付きまとう難しさと葛藤、自分自身のプライベートな苦境など、心の奥深いところに抱えてきたものを打ち明けてくれることがあります。誰もがじっと耳を傾け、一人が話し終えると、その人の語りに励まされたように、また誰かが口を開いて静かに語り始める――。重く苦しい話ですから話題をめぐる緊張感はありますが、その場には温かく豊かなものが満ちていきます。そんな職員の語りに温かなまなざしで耳を傾け続けた管理職の方が最後に「もっとみんなでこういう話をする時間を作らないといけないなぁ」と、しみじみ言われたこともありました。

そんな場に身を置いて、その時その場でしかありえなかっただろう語りに触れることができるのは、とても幸福なことです。親であり専門職である立場の違いを超えて、もがきながらも懸命に誠実に生きようとする人の剥き出しの姿が、素のまま互いの心に行き交うような深い体験だからでしょうか。そんな日の帰り道には清々しく広やかな気持ちになって、ちゃんと生きていこう、とまっすぐに念じることができました。

6　重心学会（二〇二二）

日本重症心身障害学会のプログラム最後の市民公開講演に登壇したのは、二〇二二年一二月二日のことでした。「はじめに」で書いた前回から八年ぶりの重心学会です。思いは複雑でした。前回の顛末はもちろん忘れられませんが、今回はなにより私の側に下心がありました。いただいたテーマに沿って講演タイトルは「私たちはふつうに老いることができない～親たちの体験から考える支援のあり方」ですが、最後の五分間を面会制限について渾身の訴えとする腹づもりでした。爆弾発言になるのを承知のうえで、今回だけはどんな反応が返ってこようと何を言われようと、親の立場からまっすぐにお願いする、と腹をくくっていました。

講演の中でも触れていますが、第四波からこちら海のストレスはピークに達していました。だから海にも「お母さんはしっかり言うてくるけぇね」と約束して出かけたのです。以下が、その五分間です。

今年七月に、母親仲間七人で『コロナ禍で障害のある子をもつ親たちが体験していること』という本を出しました。その中で、コロナ禍で炙り出されている平時からの問題として、私は「社会保障の家族依存」「医療現場における障害者差別」「面会制限と人権」の三つを指摘しました。

まず、社会保障の家族依存ですが、コロナ禍で地域では支援サービスの供給が不安定になり、家族の介護負担が激増しています。また感染者や濃厚接触者が出ると外部からの支援が断たれ、すべてが家族に丸投げされる事態となっています。

次に医療現場における障害者差別ですが、第五波の時、重症児が熱を出したのでお母さんが発熱外来に電話で相談したら、電話の向こうで、医師が怒鳴るのが聴こえてきたそうです。「このクッソ忙しい時に障害児なんか診ていられるか!」。重い障害のある人たちは一般の医療現場では日ごろから「迷惑な患者」とみなされがちでした。私たちの子どもがコロナ禍で医療から疎外されないためには、先生方からのお力添えが必要です。よろしくお願いします。

また、施設入所の親たちは面会制限にこの三年近くずっと苦しんできました。親たちはずっと疑問を抱えています。理髪業者や実習生が一定の感染予防策を経て中に入り、当人たちに触れることができるなら、なぜ親だってそれと同じ感染予防対策ではいけないのか。なぜ親だけがゼロリスクを求められなければならないのか。それがどうしても分かりません。

この学会にも、多くの専門職がお集まりです。先生方は明日には職場に戻られ、重症児者のそばでお仕事をされることと思います。私はこうして先生方と同じ場所に来て、同じ仕事をして明日、広島に帰ったら夫にも会わずに自主隔離の生活を数日間送ります。それでも私は園に入ることはおろか、娘と会うことすら許されません。その違いに合理的な説明はあるでしょうか。

広島のてんかん協会の機関誌に、重心施設で長年園長をしてこられた岩崎学先生が『施設の収容所化を憂う』というタイトルの文章を寄稿し、外出も面会も、外部の人との接触も禁じられた現在の施設は収容所と化していると書かれています。たとえば「二一年の秋、デルタ株が終息した時期に、帰省を認めた施設はあったが、それは家族からの求めが強いところだけで、つまり施設側から進んで許可したわけではなかった」。さらに、「帰省は親の求めで認めても、買い物や外食など本人のための外出は認めなかった」。

これは私自身、グサッと突き刺さった下りです。もちろん、どうにか連れ出してやりたい、なんとか楽しい時間を作ってやりたいと外からヤキモキはしていましたが、それを本人の人権の問題として考えていなかった自分に気づかされたからです。命を守るためにはＱＯＬも人権も後回しで仕方がないという空気が漂いつづける中、本人たちの人権への意識がこんなにも薄れている自分に気づき、愕然としました。こんな時だから仕方がないというのは、思考停止なのではないか。それによって、ケアされる側の人たちの人権や尊厳への意識を手放してしまっているのではないか。でも、自分で権利を主張できない人たちだからこそ、その意識を最後まで手放してはならないのが私たち親であり、支援者だったはずなのに、と、改めて思い知らされました。

命を守ることとＱＯＬや人権の尊重は、本当に二者択一でしかないのでしょうか。


この間、娘がお世話になっている施設でも講演先で出会う専門職にも、お願いしてきたことがいくつかあります。その中から二つをお願いしたいと思います。

まず、面会制限に変更があるたびに、コロナ禍の状況と一緒に、一人ひとりに理解できる形で丁寧に説明してやってください。デイルームなどで一括してマイクを持って形だけ伝えましたよ、というやり方ではなく、一人一人に対してその人のことをよく知る担当者が、丁寧に説明してやってほしいのです。そうすれば、どんなに重い障害がある人でも、その人なりに理解することができます。

次に、私たち親自身、コロナ禍で我慢と不自由の多い生活では、食べることとお風呂が一番の楽しみになりました。何を食べているのかが分からないまま口に入れられたら、美味しいはずがありません。まだ口の中に残っているのに次を無理やり突っ込まれたら、食事は苦しい時間になってしまいます。一口ずつ何を食べているのかが分かって、美味しく味わえる、丁寧な食事介助をしてやってください。流れ作業のようなお風呂ではなく、ゆったりと楽しいお風呂の時間にしてやってください。

最後に、面会制限について、お願いがあります。

親たちは、言葉を持たない我が子と手を触れ、身体を抱きしめることで思いを伝えあってきました。その触れ合いを奪われたまま暮らすのは、まるで命が枯れ干からびていくかのようです。気持ちを保つことももはや限界となり、多くの親たちがウツ状態に陥っています。

娘は職員の皆さんのお気遣いのおかげで、笑顔で暮らすことができていますが、やはり心に異変が起きています。今年の四月、オミクロン株感染拡大でLINE面会が長く続いた時に、療育園の配慮で玄関越しに合わせてもらったことがありました。娘は親に気づいた瞬間、身体をこわばらせて、目をそらせました。親を直視することができず、パニックして職員さんに助けを求めました。娘にとって親はいつのまにか、会ってはいけない人、触れ合ってはならない危険な存在になってしまっていたのです。私には、しばらく立ち直れないほどのショックでした。実際、この面会制限は、私たち親をそのような存在として扱い続けてきました。

この間、施設で重い障害のある人たちが何人も亡くなっていきました。老いた親たちも何人も亡くなっていきました。どの人も、子どもが生まれた時から長い人生の多くを我が子のために費やして生きてきた人たちです。それなのに、いきなり思いもよらない形でかけがえのない家族と隔てられた長い日々が続き、その果てに二度と会えなくなってしまった。そんなふうに別れるしかなかった親と子がそれぞれにどんな思いをしたことか、想像するだけでも胸が張り裂けそうです。

新型コロナウイルスがやってきて三年近く、重症児者施設でも多くのクラスターが発生しておりますが、先生方のご尽力のおかげで、重心の人たちの間に当初恐れられていたほどの犠牲は出ていないと聞きます。先生方が、クラスターの過酷な状況の中で、感染してしまった人たちが重症化しないよう、重症化した人が死なずに済むよう、力を尽くしてくださったおかげです。心から感謝を申し上げます。先生方がそうして積み重ねてくださった貴重なご経験と、そこから得られるエビデンスが、この先も重症児者たちの命をさらに守ってくれます。そのことにも、頼もしく、ありがたいことと感じております。

そのうえで最後に、多くの親たちの思いを背に、思い切ったお願いをさせてください。先生方がそうして蓄積してくださったご経験とエビデンスをもとに、施設で暮らすみんなが以前のように家族と触れ合え、行事や外出のある豊かな生活を楽しめるよう、重症児者ならではの「with コロナ」への模索を、始めていただけないでしょうか。

命を守るために仕方がないと、関係者みんなで言い暮らしてきた面会制限ですが、その代償は、あまりに大きすぎるものとなっています。命を守りながらも施設にも彩り豊かな生活を取り戻していく方策を、どうか模索してやっていただきますよう、またすでに老いに直面している私たち親も、かけがえのない我が子との触れ合い、豊かな関係性を取り戻せますよう、悔いを残した永遠の別れにならずに済むよう、どうぞ、面会制限をこのあたりで見直していただきますよう、お願いいたします。

本日はありがとうございました。

講演後、さすがに会場はちょっと異様な空気になりました。先生方がどう反応すべきか戸惑い、受け止めるのか反発するのか、どっちに振れるか分からない微妙な空気――。ところが質疑になるやマイクの前に出てきたのは、なんと娘の主治医でした。これには度肝を抜かれました。笑顔で軽やかに出てきて名乗った後で「海さんはうちの施設におられるので、少し補足させてください」。

あ、きっと面会制限を緩和できない言い訳をするんだな……と、会場みんなが思いました。その場合どこに話を落とすべきかを、私も考え始めました。ところが、

「児玉さんはいつもこうして私たちに伝えてくださいます。でも、伝えてくださる親御さんばかりではないので、そうすると私たちは、ついこれでいいのだと考えてし

まいます。面会については重症児者の皆さんにとって実際に顔を見ること、触れ合うことの重要性は私たちも感じることと思います。これはそれぞれの施設で取り組むべき課題ですが、現場の気持ちだけではどうしても上手くいかない部分があり、重心学会で面会緩和に向けて何か提言などをいただければとても心強いです」

会場から拍手が起こり、続いてマイクの前に立ったのは前学会理事長。温かい受け止めの言葉の後で、「今日聞いたことを、私は自分が園長をしている施設に持ち帰ります。みなさんも、ここで聞かれたことをそれぞれの職場にしっかり持ち帰ってください」と締めくくられました。会場の空気が明らかに変わり、その後は学会幹部の先生方から前向きな発言が続きました。

公開講座が終わると、旧知の先生方が次々に温かい声をかけてくださいました。「発言してくれて、よかった。親たちは誰も我が子がお世話になっている施設には言えないんだから」と言ってくれる施設長もありました。矢や礫が飛んでくるのを受ける覚悟で「爆弾」を投下したはずだった私は、夢を見ているような気持でした。

それから二か月半後の二〇二三年二月一五日、日本重症心身障害学会から「重症心身障害病棟における面会に関しての、日本重症心身障害学会としての提言」（https://js-smid.org/docs/info_230215.pdf）が出されました。重症心身障害児者と家族との「かけがえのないふれ合いの時間の重要性は、学会としても確認しておきたい」と述べた後で、重症心身障害施設での安全な面会の考え方が具体的に示されています。「最後に」で「十分な話し合い」と「合意」という文言が使われていることには驚きました。「話し合いのプロセスが信頼を生み出します」とも。そして、締めくくりの言葉は、「十分な合意のもと、安全に配慮した面会を通して『つながることの大切さ』を実現していくことを、学会としては提言します」でした。

この提言を取りまとめてくださった重心学会の現理事長でびわこ学園医療福祉センター草津施設長の口分田政夫先生がその後、『障害者問題研究』Vol.51（2023）の特集「新型コロナウイルスと障害者の人権・発達保障」に「コロナ禍における重症心身障害児・者の施設での感染対策・医療」という論考を書かれました。その中で重心学会でのできごとについて以下のように書かれています。

（当該学術集会のシンポジウムで）日本ケアラー連盟に所属する、重症児者の親でもある児玉真美さんが、「私たちはふつうに老いることができない――親たちの体験から考える支援の在り方」というテーマで発言された。その中で、感染拡大防止のための面会制限というもっともらしい目的のために、障害児者や高齢者とその家族にのみゼロリスクが押し付けられることは、ケアしケアされる関係性において、人への尊厳という意識が薄れ、施設が収容所化するリスクとなって行かないだろうかという問題提起があった。その場で、重症心身障害学会の前理事長であった伊東宗行氏は、学会で何らかの対応していくことを発言された。

このような経緯の中で、重症心身障害病棟における面会に関しての日本重症心身障害学会としての見解を、筆者が新しく学会理事長として引き継ぎ、学会理事会の討議を経て、とりまとめた。……あいつぐ重症心身障害児・者施設でのクラスター発生に伴う面会制限への対応としての提言である（五類移行前の提言であることに留意）。

面会での出会うことへの大切さにも触れた提言は、全国の重症心身障害児・者の家族からも、好評であった。面会制限が、利用者にも、家族にも大きな影響を及ぼしていたのである。

……（中略）……新型コロナ感染は、人と人とがつながりあいながら、生きていくというあたり前の生きる権利を、全国各地で奪っていった。今後は、感染流行時であっても、この当たり前の生きる権利と感染対策との折り合いをつけていくことが重要と考えられた。

7　親亡き後

コロナ禍も年単位となったある日、突然、気づきました。自分が時間を自由に使って存分に仕事をしていることに。膝や腰や股関節のどこかに常に抱えていた痛みが、すっかりなくなっていることに。いつのまにか自分がまるで「子どもがいない人のように」暮らしていることに――。動揺し、自分が真っ二つに引き裂かれるのを感じました。

痛みのない身体で時間を自由に使える生活は、快適でした。これほど仕事に集中できるのは、海が生まれてからの人生で初めて味わう爽快感でした。そう。コロナ禍で私は自由と健康を手に入れたのです。そして、たぶん気がつかないうちに、週に一度ほんの短い時間だけ「面会」する生活の身軽さにも慣れてきていたのです。時々、これなら親亡き後も受け入れられるかもしれない、と考えることもありました。海は療育園で守られているし、とにもかくにも笑顔で暮らせているのだから、と。

でも、まるで「子どもがいない人のように」身軽に暮らしている自分に気づくと、ぞっとしました。海はずっと療育園から出ることすらままならないというのに。療育園では職員さんたちが、親がいない空間にも本人たちと職員だけの行事にも、どんどん慣れていくというのに――。今この時にもどうしているか、どんな思いでいるか……と想像すると、海に申し訳なくて、身の置き所がなくなります。私には我が子を苦しめているこの状況をどうしてやることもできんのに……。

海がコロナ禍で初めて帰省できたのは二〇二一年の一二月。一年九か月ぶりでした。この時はそれでも終始ゴキゲンだったのですが、その次、二〇二三年の七月に一年八か月ぶりに帰って来た時には、様子がまったく違っていました。コロナ禍になって三年半が経っていました。昼間は楽しく過ごしたものの、夜どうしても寝ようとしません。顔をゆがめ、猛々しい目で唸り声をあげては、三年間の辛さを母に必死に訴え続けるのです。「そうよね、海はずっと苦しかったんよね」「外に出たかったたね。息が詰まりそうじゃったね」「海はずっと怒っとるんよね」。言葉にしてやると、そのたびに目を怒らせ、力を込めて「ハ」と答えます。「お母さんは分かっとるよ、海」「ずっと辛かったのに、海はそれを誰にも言えんかったんよね」と受け止め続けていると、少しずつ顔が穏やかになり、時々あくびをするようになって、ふっと眠り込みそうにもなるのですが、すぐまた辛かった場面を思い出すのか、はっと目を覚まし、唸り、必死の目をして訴えます。

「海はお母さんに聞いてほしいことがいっぱいあったんじゃね」

「ハ」

「お母さんはなんぼでも聞くよ。これ以上どうにもしてあげられんのがお母さんもつらいんじゃけど、お母さんも怒っとるよ。このまま黙ってはおらんけんね。海らの生活をもうちょっとどうにかしてくださいって、ずっとお願いしよるけんね。これからも言い続けるけんね。なかなか変えてあげられんで、ごめんよ。海はずっと辛かったのにね。今もいっぱい我慢しとるんよね……」

「ハ」

海がようやく落ち着いて眠った時には真夜中を過ぎていました。その間、最も力を込めて返事をしたのは「長かったねぇ」に対してでした。娘の中に積み重なった苦しみを受け止め続けた二時間あまり、私にもさまざまな思いが去来しました。

二〇二〇年の春からずっと、療育園の職員さんたちからは「海さんは元気にしておられます」「めっちゃ元気ですよ」「ニコニコ楽しそうに過ごしていますよ」と聞いてきました。療育園でも、第一波の頃から少人数でドライブに連れ出して人気のないところでジュースを飲んで帰ったり、庭に出ての日中活動を増やしたり、楽しい行事を工夫したりなど、いろいろな配慮をしてくださっていました。そういう場面でのみんなの笑顔の写真を家族にたくさん届けられるよう、月に一度の園だよりはページ数が増えました。厳しい生活状況の中でも職員の方々の努力のおかげで、みんな笑顔で過ごしているのは事実です。だから、職員サイドからみれば、親に会えない生活でもこの人たちは大丈夫と思えるのかもしれません。けれど、それは、関係性が違うのです。その違いに気づかないまま「海さんですか？　むっちゃ元気にしてますよぉぉ？」と、まるで案じる親に呆れるとでも言いたげな顔をされることにこそ、この子にとって自分に替われる者はいないのだと親は思い知らされてきたのでした。今まさに、ずっと誰にも訴えることができなかった思いを、この子が母に向かって必死で分かってもらおうとしているように。

私がいなくなったら、この子にはこうして思いを受け止めてもらう先がなくなるのだということが、これまで感じたことのない圧倒的な重さでのしかかってきました。薄暗い常夜灯の下で、この三年間の耐えがたさを訴え続ける娘の顔を目の前に、何度も繰り返し胸の中になぞったのは、たった一つの思いでした。私には、この子を残して死ぬことなんか、できん――。

コロナ禍では、積極的安楽死が合法化されている国や地域では高齢者施設の入所者からの安楽死要請が増えました。その一人がカナダのナンシー・ラッセルさん（九十代）です。面会制限で家族にも友人にも会えなくなり、施設での日中活動もできなくなって生きる張り合いをなくしました。絶望して安楽死を要請すると、いったんは医師に「あなたは死ぬにはまだ早い」と却下されますが、活動性も刺激も乏しい生活で健康状態がさらに悪化すると、次の要請は認められて安楽死で亡くなりました。

でも、医師がするべきだったのは「医学的にみてこの人は死ぬには早いかどうか」の判断ではなく、ラッセルさんの苦しみを理解し、状況を変えてあげることだったのではなかったか、という疑問が私にはあります。ラッセルさん自身には、状況を変える力はありませんでした。その無力こそが、彼女を死にたいほどに絶望させました。本当に言いたかったのは、「こんな生活はもう嫌だ、どうにかしてほしい」ではなかったでしょうか。でもそれを言ってもどうにもならないことを思い知らされて、「死にたい」しか言えなくされたのだと思います。ラッセルさんを死なせたのは、状況を変えられる力を持っている人たちの無関心ではなかったでしょうか。

ラッセルさんのように言葉にできなかっただけで、娘にとっても、いっそ死んでしまいたいほどの長い苦しみだったのだと思います。日本の施設で暮らす高齢者と障害児者とその家族は、世の中の人たちがとっくに自由を取り戻し、コロナが感染症分類の五類に移行した後の今もなお、この無関心と不作為に苦しんでいます。

二〇二三年一一月二四日に開催された第五三回九州大学病院小児緩和ケアチーム勉強会で、武藤香織さんによる特別講演「コロナ禍が子どもたちにもたらしたもの、私たち大人に託した課題」を聞きました。政府のコロナ対策の専門家会議や分科会で何が起こっていたのか、なぜ政府の対応が混乱したのかが詳細に語られる中で、面会制限についても率直なお話がありました。私が思わず身を乗り出したのは、以下のような指摘がされた時でした。

「一回目の非常事態宣言が解除された際に、アドバイザリー・ボード内でも『面会制限はやりすぎだった、面会と看取りとシェルターは、他者の助けを得て生き延びている社会的弱者のために守れ』という声が上がっていたのに、日本では政府が基準を示すことをせずに対応の一切を自治体と医療現場に投げ続けたために、現場の負担が大きかった」

「いったん政府が各施設の判断としてしまったために、すでに政府のコロナ対策が終了した今、誰も止めることができない。コロナは消えないので、今のように家族も施設側も『仕方がない』と受け入れてしまっていると、どんなに悲しかろうが辛かろうが、面会制限は延々と続いてしまう。子どもを含めた社会的弱者への影響を懸念している」

武藤さんがこうした懸念をお持ちだということに励まされながら、家族は「受け入れて」いるわけではなく抵抗したくてもできない立場にいるだけなのに、でも抵抗できなければ「受け入れている」ことになってしまう……と焦燥しました。それなら、せめて身近で「抵抗」するための武器になる情報が欲しいと、Zoom のコメント欄に「面会制限にどれだけの感染予防のエビデンスがあるのでしょうか」と質問を書いてみると、武藤さんのお答えは以下でした。

「面会制限のエビデンスは最初から、ない。講演の中でも言ったように、アドバイザリー・ボードでも面会制限はやりすぎだったという声は最初から出ていたし、そもそも面会者からウイルスが持ち込まれたという事例は全体の中ではたいへん少ない」

ずっと昔のあの「バトル」の根っこにあった問題と、コロナ禍で起きている数々の理不尽の根っこにあるものは実は同じではないか、とこの間ずっと考えてきました。命か自由か。健康かＱＯＬか。安心安全か人権か――。それは二者択一ではないはずだ、問答無用で前者だけが振りかざされ後者を押しのけていくなら、それは「ケア」ではない、ただの「管理」であり「支配」だ、と主張して闘ったのがあのバトルでした。

そこには、重症児者施設のケアに付きまとう「医療」と「生活」とのせめぎあいも象徴されていました。親たちは「ここは生活の場なんです」と懸命に訴えてきました。それぞれの施設も「病院」にしないために懸命に努力を重ねてきました。ところが、コロナナ禍がやってきて、施設でも地域でも「医療」の論理が問答無用で「生活」を圧迫する支配力を持ってしまいました。

あのバトルの時、安直な「管理」として子どもたちが夕食後にベッドに入れられることに抵抗し、戻してやることができた、と私は思いました。が、あれから二五年が経ち、いま療育園ではみんなが一日の大半を四人部屋のベッドで過ごしています。日課も日中活動や行事もあの頃から少しずつ変わり、ついにコロナ禍の間に激変しました。とりわけ、以前から決まっていた建物の改築が行われて居室が大部屋から四人部屋になったことは、コロナ禍での制約と相まって入所者のＱＯＬを決定的に低下させました。

重症児者施設で四人部屋が基本となってきた背景には、一つには感染予防重視という医療の観点があり、また障害者運動が主張してきたプライバシー重視の観点があります。もちろん、それぞれの観点からすればどちらも「正しい」のでしょう。が、自分でベッドを出ることはおろか姿勢を変えることすらできない重症児者にとっては、身体を動かしたり姿勢を変えたりする機会が激減することに加えて、人との関りの多くを奪われ、圧倒的に刺激の少ない生活となることを意味します。国と障害者運動が推し進める「地域移行」が理念としてはいかに「正しい」としても、現実に地域で暮らす当事者と家族にとっては事態の悪化になりかねないのと同じ構図がここにもあるように、私には見えます。「命を守るために」という掛け声のもとに心が殺され続けているコロナ禍の面会制限と同じ構図だとも、私には見えます。

「狭い居室で天井を見て暮らすことになるのでは」と懸念する親たちは多くの施設で反対してきましたが、「四人部屋になってもベッドに寝かせきりにはしない」と約束してもらえば折れるしかありませんでした。そして、どの施設でも、その約束は次々に困難に直面し霧散していったのではないでしょうか。

それが施設や職員の怠慢や努力不足によって起こることでしかないならコトは簡単ですが、事情はそう単純ではありません。入所者の重度重症化、現場への締め付けばかりが進む医療・福祉の制度改変、それによって求められる効率化、深刻になる一方の人手不足など、さまざまな要因が絡まり合う中で、現場は人的余裕も時間的余裕もなくし、「苦渋の決断」による小さな変更を次々に迫られました。そうして長い時間をかけて、入所者のＱＯＬは下がり続けてきました。現場管理職の極端な姿勢が要因だったあのバトルの時と違うのは、現場では誰もそんなことを望んでいなかったことでしょう。

もう一つ違うのは、あの時は娘の施設に固有の問題だったけれど、その後の年月に娘の施設で起こってきたことには、上に列挙したような日本全国の障害児者のケア現場に共通する問題群が関わっていること。いつのまにか何人もの欠員状態が現場の常態と化してしまった職場で、制度が改変されるたびに締め付けが進み、どの職員も次から次へとこなすべき業務に追われています。現場では事務仕事は残業や持ち帰りが当たり前となり、医療職も福祉職も制度に求められるものと目の前の人のケアニーズとの間で板挟みになって苦しんでいます。「もっとしてあげたいことが沢山あるのに……」という無念の声を、療育園でも仕事先でも何度聞いたか分かりません。そこにコロナ禍が追い打ちをかけました。

海が暮らす療育園で大規模クラスターが発生した時、看護師は四人、支援職は五人が欠員状態でした。さらに感染した職員が欠けていく中、リハセンター全体も深刻な人手不足とあって、人員の補充はなかったそうです。それこそ生身の人間にできること耐えられることの限界を超えていても、何人もの命と健康を背負いながら歯を食いしばって体を動かし続けるしかなかった日々は、どんなに辛かったことか。その体験がトラウマになった人もいると聞きます。施設の専門職も、私が仕事でさまざまに話を聞かせてもらった地域の専門職と同じく、いくつもの要因が絡まり合う今の過酷な状況の被害者なのだと思います。

ずっと昔、介護保険関係の雑誌に取材記事を書いていた二〇〇〇年代の半ばに、コイズミ改革で推し進められる障害者福祉制度改編の情報を共有してくれた人が、資料を見ながら「医療か福祉か、どちらかを選ばせるということか……」とつぶやいたことがありました。その時には私には分からなかったのですが、その意味はその後の状況によって少しずつ腑に落ちていきました。そして、コロナ禍で痛烈に思い知らされています。

地域での生活（福祉）を選んだ人には、感染が起きた時の対応も親亡き後への対応も、なにもかもが親と家族と支援者の自己責任に丸投げされました。「地域移行」とは、「地域の家族と専門職で調達できる範囲の医療で粛々と看取っていきなさいよ」ということなのでしょうか。施設（重心の場合は医療）を選んだ人は、我が子の生活がどんどん狭められたあげくに、コロナ禍を機に施設は岩崎学医師のいう「収容所」と化しました。重症児者施設は、医療と福祉の両面から重い障害のある人たちへの支援を試みる世界でも稀な尊い試みだったはずなのですが、もはやそうした法的位置づけも失われました。いま施設では、面会制限の目的がいつのまにか感染対策から人手不足の現場の限界対応へと、じわりじわりとシフトし始めている観すらあります。

してあげたいことが沢山あるのに疲弊して燃え尽きに向かう専門職と、サービス利用すら覚束なくて苦しむ地域の家族、低下するＱＯＬに抵抗してやりたくてもすべが見つからない施設の家族との間に、障害のある当事者が取り残されていく——。この事態の責任は当人たちには一切ないはずなのに、その帰結だけは彼らに心身の痛みとして背負わされていくのです。

海が唸り続けた夏に、やはり二年ぶりの帰省が叶ったお宅では、父親がじっと娘の顔を見つめて「連れて死にたい」とつぶやいたそうです。その父が日頃はあっけらかんと見える人だけに、聞いた時には胸が苦しくなりました。

カナダのラッセルさんが自分の無力に絶望したように、私たち老いた親たちも、世の中の人びとはとっくに以前の生活を取り戻した今なお、我が子の状況を変えてやるすべを持たない自分の無力に打ちのめされて、こんなはずではなかった……と、すさまじい自責と悔いに押しつぶされそうになっています。

私たちは「施設に子どもを棄てた」と指さされてきました。でも、棄ててなどいませんでした。多くの親たちが、施設の暮らしでは足りないところを補ってやろうと、面会に通い、外出に連れ出し、帰省させて、できる限りのことを懸命に頑張ってきました。それなのに、いきなり我が子と会うことを禁じられて、子が生活する空間に足を踏み入れることすら許されず、私たちはコロナ禍で無理やりに我が子を「棄てさせられた」かのようです。

地域でも施設でも、コロナ禍は親たちに我が子をとりまく現実を剥き出しにして見せつけました。これまで必死に守り支えてきたのに、我が子が社会から見棄てられていくのを、どうしてやることもできない。抗うすべも見つからず、この思いをどこへ持っていったらいいのか。親たちは他にどう言いようもなく、「連れて死にたい」としか言えないところへと追い詰められていきます。私には、その言葉はカナダのラッセルさんの「死にたい」と同じ言葉に聞こえます。

終章

二〇二三年の春、娘の施設の家族会会長になりました。親仲間からも職員の方々からも陰に陽に「オマエだけはやるな」「それだけはやるな」と言われ続け、私自身もそれがあらゆる意味で賢明な判断だと自戒してきたのですが、コロナ禍の間に溜まり溜まった諸々の感情に背を突かれ、目をつぶって崖から飛んでしまいました。

最初の役員会で「私のワガママなんだけれど、どうかやらせてほしい」と役員にお願いして企画したのは、トークセッション「話そう　コロナ禍での体験と思い」。コロナ禍で休止していた家族会研修会を復活させて、園長、現場医師、看護師、支援職、家族（児玉）がそれぞれの立場からコロナ禍での体験と思いを語ろう、という趣向です。「トークセッション」と銘打ったものの、実際にはセッションは無しで「言いっぱなし、聞きっぱなし」の場としました。企画案をもって打診に行くと、みなさん快く引き受けてくださいました。

二〇二四年二月の当初予定はクラスター発生のため延期となり、年度をまたいだため に登壇者の変更はありましたが、六月一六日に無事に開催することができました。

園長は面会制限をめぐって悩み抜いた気持ちを飾らない言葉で打ち明けてくれました。看護師、支援職の立場からはまだ生々しい大規模クラスター時の状況が具体的に報告され、もともと大幅な人員不足の中で起こった緊急事態の様相に、親たちは息を詰めるようにして聞き入りました。誰もが繰り返す「終わりの見えない闘いが続いた」という表現に、限界を超えても歯を食いしばって耐えるしかなかったやるせなさが、ひしひしと伝わってきました。そんな厳しい状況の中でも、本人たちを思いやる気持ちが端々に語られることに、親たちの心は改めて感謝の念とともに温められました。

私は職員の皆さんへの感謝、それから私自身や聞き取りをした親たちの思いを語り、最後に「みんなが苦しんできたコロナ禍ですが、一番苦しんだのはここに来て語ることができない本人たち。彼らがこの間に失ったものを、これから少しずつ、みんなで一緒に考えながら取り戻してやりたい」と締めくくりました。

寄せられた感想の中に「互いの気持ち、考えを、ただ話す、共有する、良い時間でした」と書かれたものがあり、私の企画趣旨は実現できたのだと安堵しました。嬉しかったのは、園長が終了後に「思いを吐露できる場があって、良かった。対話になっていたと思う」と言ってくれたこと。

家族会会長になった春にちょうど書き上げたところだった原稿は、秋にちくま新書『安楽死が合法の国で起こっていること』として刊行されました。安楽死が合法となった国々における多様な「すべり坂」の実態を紹介し、日本での議論に慎重を呼びかけるものです。「すべり坂」とは、ある方向に足を一歩踏み出して足をすべらせたら最後、歯止めなく、ずるずると坂をすべり落ちて、取り返しがつかなくなるという比喩です。世界では安楽死を合法とする国や地域が急速に広がるとともに、終末期から重度障害、認知症、精神／知的／発達障害さらに高齢者一般へと対象者が拡大したり、手続きの簡略化など法的要件が緩和されたり、安楽死後臓器提供が広がったり、社会保障の代替えとなりかねなかったり、気がかりな「すべり坂」がいくつも懸念されています。

詳しいことはそちらで読んでもらえればと思いますが、日本ではこうした海外の実態はほとんど知られないまま、近年「日本でも合法にしよう」との声が高まってきました。二〇一六年に起こった相模原障害者殺傷事件では、「障害者には安楽死を」という植松聖の主張が社会に大きな衝撃を与えました。脚本家の橋田寿賀子さんが『文藝春秋』誌上で「安楽死で死なせてください」と書いたのは、その数か月後のことです。さらに三年後には、難病女性がSNS上で知り合った医師に殺害を依頼し、実際に殺された通称「京都ALS嘱託殺人事件」が発覚します。また、スイスに渡り医師幇助自殺を遂げた難病の日本人女性に密着したNHKスペシャル「彼女は安楽死を選んだ」が大きな反響を呼んだのも、この年でした。私には、相模原での事件から後、衝撃的な出来事が起こるたびに、人々がその衝撃に心を揺さぶられるまま無防備に「安楽死」という言葉に惹きつけられていくように見えてなりません。

「Nスペ」の後もTVはスイスで医師の幇助を受けて自殺する日本人女性の事例を次々に情緒的に取り上げ、文字媒体でも安楽死は頻繁に話題になり続けて、昨今ではあたかも「安楽死ブーム」が到来したかのようにすら思えます。しかし「安楽死」という言葉が美しい死のイメージとともに多くの人に知られるようになるにつれ、恐ろしいことが起こり始めてもいます。

ここ数年、障害のある子の親たちへの支援の必要を訴えるTV番組が放送されると、ネットの番組ページに寄せられるコメントの中に必ず「安楽死」をうんぬんする書き込みが多数混じってくるのです。例えば二〇二二年一二月二〇日にテレビ新広島が「老障介護シリーズ　No.1」として放送した「〝老い〟という『現実』に直面する親たち～障がいのある子どもを安心して託せる社会に～」に寄せられたコメントから該当するものを抜いてみると、以下となります。


「安楽死制度さえあれば……」

「産まれて障害者だったら安楽死させられるようにならないかな」

「重度な場合は本人も周りも辛いから安楽死が良いかもしれない」

「親が死んだら安楽死とかダメなの？」

「重度の障害や認知症のためにも安楽死制度を適応させてほしい」

「安楽死制度しかないじゃん。親死んだって子は死なない。早かれ遅かれ身内が決められる安楽死制度認めるべき」


現在、一部の国または地域に存在する安楽死制度はあくまでも自己決定が原則です。障害がある人は介護が負担だからという理由で、他者の判断で安楽死を認める制度は地球上のどこにも存在していません。この人たちは、相模原障害者殺傷事件の犯人、植松聖と同じことを主張しているのですが、それにはまったく無自覚です。むしろ素朴な善意から、安直に書いてしまっている。

こんなふうに「安楽死とは何か」について基本的な理解すらおぼつかない人たちの間で、「安楽死」という言葉が独り歩きしています。しかも、その使われ方を見れば、多くの人が「安楽死」を社会保障の代替えとイメージしていることが明らかです。

ネット上には、「経済的に困窮して生きられないから」「親ガチャに外れて苦しいから」「あらかじめ何歳で死なせてもらえると分かっていたら楽だから」などの理由によるナイーブな「安楽死」賛成論も多数混じっています。これらの理由で認められる安楽死制度など地球上のどこにもないというのに、日本で「賛成派」を名乗る人たちが言う「安楽死」とは、まるで「死にたい人は誰でも自分の望みのままに死なせてもらえること」であるかのようです。これでは日本ではすでに「すべり坂」どころか、とっくに「崖」を転げ落ちている状況と言ってもいいでしょう。

気がかりなのは、私にはこれらの声は生きづらさを抱え込んだ人たちからのSOSと聞こえることです。以前なら、「生きる権利」を主張し「生きるための支援」を求めて声を上げてきたはずの人たちではないでしょうか。その怒りは、例えば二〇〇七年に雨宮処凛さんが『生きさせろ!』(太田出版)と書いたように、それは生きるに生きられないところへと追いつめてくる政治や社会に向けられてきたはずでした。その人たちが今では、まるで自己責任を自ら背負いにいくかのように「死なせてほしい」と言い始めている。

思い出すのは、湯浅誠さんの『反貧困――「すべり台社会」からの脱出』(岩波新書 2008)。九〇年代以降の日本の社会で貧困問題が深刻化している実態を詳細に炙り出した書です。雇用・社会保険・公的扶助という三層のセーフティネットが機能しなくなり、さまざまに排除され続け追い詰められた人たちが「自分自身からの排除」に向かう、と指摘していました。そして、自己責任論を過剰に内面化してネガティブに閉塞し、自分から助けを求めようとも考えなくなってしまうのだ、と。

雨宮さんや湯浅さんの著作から二〇年近くが経つうちに、政治や社会への期待も希望もさらに失われてしまったということでしょうか。「生きさせろ!」と憤るどころか「生きたい」と訴えることもできず、「死にたい」しか言えなくされる人たちがその後も増え続けて、この社会には負のエネルギーが満ちてきました。「死なせろ」と誰かが絶望の声を張る時、そこに満ちた怒りのエネルギーは本来なら向かうべきところを逸れて「安楽死反対派」への敵意に転じられていくかのようです。「日本でも安楽死を合法に」という声が高まるにつれて「賛成派」と「反対派」の対立が先鋭化していきます。本当はそこに対立はないはずなのに。どちらも望んでいることは「苦しまずに生きさせてほしい」のはずなのに――。

そんな状況は不毛ではないかと、私は新書で指摘してみました。それでは本来は対立すべきでない人たちの間に無用の分断が生じ、広がるばかりだからです。なにより、「安楽死合法化は是か非か」という問いでは、医療と福祉の現状が追認されたまま、次に待っているのは「誰は死なせてもよいか」という線引きの議論でしかありません。

日本で安楽死が合法化されることは、すでに合法化して「すべり坂」が起こっている欧米の国々よりもさらに危険が大きいと、私は考えています。その理由は、医療と家族をめぐる二つの懸念です。

まず、日本では医師の権威が圧倒的に大きく、終末期どころか一般的な医療の段階から患者は医師の顔色を見て言いたいことが言えず、「よろしくお願いします」と頭を下げる「お任せ医療」の文化のままです。日本では「患者の権利」が法的に保障されておらず、医療現場にも患者の権利とともに意思を尊重する文化が十分に育っていません。患者の側にも「医療を受ける者の権利」についての意識が希薄です。それなのに死ぬ時だけ、患者の「自己決定権」が尊重されたり、個人の「意思」を貫けたりするはずがないと思うのです。

また、日本の家族関係は欧米のそれよりもはるかに密接です。忖度と同調圧力に満ちた社会で、死ぬ時にだけ敢然と個人としての意思を貫けるものでしょうか。関係が良好な家族ばかりではありません。どんなに仲の良い家族にも、家族ならではの闇は潜んでいます。そこに金銭や介護の問題が絡むと、家族関係はさらに厄介になります。病や障害のある人とその家族なら、身をもって体験していることではないでしょうか。

重い障害のある人の親の立場から——自分の体験に照らしながら——障害と医療と倫理の問題について、その一環として安楽死について考えてきた私には、今の安楽死をめぐる議論から「家族」と「介護」への視点が抜け落ちていることは、文字通り致命的な「欠落」のように思えます。

「安楽死合法化は是か非か」という二者択一の問いを「なぜ死にたいと感じるのか、

なぜ死ぬしかなくなるのか、なぜ殺すしかなくなるのか」へと転じ、そこからさらに「医療や障害に苦しむ人と家族への医療とケアはいかにあるべきか」へと問いを組み替えるべきではないか。そして、医療とケアに携わる多職種はもちろん当事者と家族も含めた議論がされるべきではないか——。それが、『安楽死が合法の国で起こっていること』での私の問題提起でした。

……個々の人が生きている「小さな物語」と、そこにある痛みを語る声に耳を傾けて、医療や福祉や介護や経済構造もそこにまつわる数々の施策も含めた足元の現実問題を細かく解きほぐしていく議論をこそすべきではないだろうか。

……安楽死合法化を望む当事者も、「反対派」に向けて「死なせろ！」と声を荒げるのではなく、「なぜ死にたいのか」「何が死にたいほど苦しいのか」こそが語られ、専門職もそれぞれに制度の縛りの中で感じている複雑な思いやジレンマについて率直に語ることができて、足元の現実問題に目が向いていく。そういう議論を本当はすべきなんじゃないだろうか。それによって、安楽死合法化の是非とはまた別の地平に議論を開いていくことが必要だと思う。（p. 261）

そのために、「私たち患者や家族も医療に対して思うこと望むことを、もっと丁寧に率直に語り始めたい」（p. 265）とも書いてみました。

私たち患者と家族も、医療はもっとこうあってほしいという本当の願いをありのままに語り始めたい。……今の医療とケアにはこれが足りない、これがほしいと、忖度もあきらめもしない本当の願いを、私たち自身の主体的な言葉で語り始めよう。……おずおずとした私たちの声に耳を傾けてくれる専門職がいるなら、一緒に少しずつ、日本の医療における「患者の権利」という意識を形作っていこう。（p. 266）

いま世界で、また日本で、障害のある人たちと家族の周りで進行している事態を思う時、私自身、そこにある「大きな絵」には希望が見いだせません。残して死ぬわけにいかないと、いかに強く念じようとも、おそらくは高い確率で私はいずれ自分のいのちの半分をここに残していくことになるでしょう。そのいのちをみずみずしく生かしてくれる余裕も懐の深さも、もはやこの世界は持たないのではないか――。コロナ禍での諸々を経て、私の中に植え付けられているのはこの問いです。

ともすれば、それは全身がざわめくような不安や恐怖となって、私を底なし沼のような絶望と無気力へと引きずり込もうとします。コロナ禍の五年間には実際に飲み込まれ、何度もウツ状態に陥りました。でも、だからこそ……と思うのです。私たち親は、ものを言いにくくされてきた者たちだからこそ、声を封じられたまま「連れて死にたい」しか言えなくされてしまうことには、力を尽くして抗いたい、と。「残していけない」「連れて死にたい」という言葉でひっくくられた思いを解きほぐして、どうにかして言葉にしていきたい。できる限りの勇気と力を振り絞って、これまで語り得なかった思いをこそ語り、声を張りたい。そうでなければ、私たちはこのまま「棄てさせられ」てしまう、「殺させられる」しかなくなってしまう。そして、自分では「辛い」「痛い」と言うことすらできない人たちのいのちが、踏みにじられていく。

『安楽死が合法の国で起こっていること』の最後は、次の願いで締めくくりました。私にとっては、願いというよりも祈りかもしれません。コロナ禍の長く厳しい状況の中で、一人の親の不器用な言葉を受け止めてくれた人たち、そして立場の違いを超えて心を開いて語り合うことができた人たちが、このささやかな願いを支え、書かせてくれたように思います。

「大きな絵」の恐ろしさを前に、私たちにできることはあまりに少なく、あまりに小さい。それでもなお、だからこそ、ひとりひとり、その人にしか語りえない「小さな物語」が語られること、その声に耳を傾ける人がいることの力を信じたい。（p.271）

伝えたい、わかってほしい。語り合える関係を目指して——本書に寄せて

沖田友子

二〇二〇年夏、京都で、特別支援学校高等部一年生だった少年が、母親の手により命を奪われるという事件が起こりました。「これは他人事ではない」と感じた人たちで「子どもと親のSOSをキャッチする仕組みを考えるシンポジウム実行委員会」が結成され、私も会のメンバーとして自分にできることを考えてきました。一人で抱えきれない重圧と、親がいなくなった将来のことを思い悩む自分が、その母親の姿に重なりました。

「この生活はいつまで続くのだろう」「気持ちはあるけど身体が思うように動かへん」と私たち母親は日々衰えを感じていますが、「障害のある子を持つ気丈なお母さん」として、ケアの担い手から解放されることはありません。

「私にできることは何か」と模索する中、障害児者の親だけの集まり「気楽にお話ししましょう会」をスタートしました。親同士でおしゃべりをする中、児玉真美さんの著書『私たちはふつうに老いることができない』（大月書店、二〇二〇年）に何人もが励まされていることを知りました。この児玉さんの本によって、自分自身の心の中のもやもやがはっきりとした言葉となり、

世の中に発信されているということ、それが、それぞれの人生の支えになっているのでした。

先のシンポジウムで、私は、息子の通う通所先やグループホームがコロナ禍で何度も閉鎖になり、症状がなくても自宅待機を余儀なくされた時のことを話しました。その時、児玉さんが会場で聞いていてくださったのがご縁で知り合い、「気楽にお話ししましょう会」にお越しいただけることとなりました。

講演内容については、さまざまな場面で伝えることの難しさをどのように考え、行動していらっしゃるか、ということをお話しいただきたいと思いました。福祉サービスが契約に基づく、選べるサービスになったというものの、利用したいと思う事業所は手いっぱい、新規利用者は受けてもらえません。支援者から「同じ病気の人を支援したことがあるからわかりますよ」「知的障害者の行動はわかっています」と言われると、一人ずつ生きてきた人生や性格、興味ある事は全く違うのに、そんな簡単にわかったなんて言われても……と感じていました。時には言い過ぎたかな、と思うこともありますが、でも言わない訳にはいかないし、一番言いたいことが、一番言いにくい。「いつもお世話になってありがとうございます。感謝しています」からしか物事を言えないのだろうか。支援を受ける側も支援する側も、お互いを信頼しあい、言いたいことを伝えあい、私がいなくなっても託せる関係を築いていきたい。このことに児玉さんはどう向き合ってこられたかお聞きできるチャンスだと思ったのです。

講演&交流会には三〇名を超える親がワクワクする気持ちで集まりました。講演タイトルは「親がものを言うということ・思いを伝えるという難行」と最終的に決まりました。児玉さんから提案いただいた「親がものを言うということ」または「思いを伝えるという難行」は、どちらも私たち親の気持ちを率直に表していました。「嫌なら利用をやめて結構です」と突き放される恐怖はつきまといます。言いたいことを理解してもらい、一緒により良い方向に向かっていくために伝えることがいかに難しいか。言いたいことがうまく伝わらず、心が折れ、やっと立ち直り、時間をかけてまた同じことを伝える、ということを繰り返します。

児玉さんは「障害児の親」になった時から今までのできごと、専門職から当然のこととして言われたことに対して、親としてはこう考える、という思いをすさまじいエネルギーをもって伝えようとされてきたことなどを話してくださいました。広島弁が混じる語りは、会場の空気を時にピンと張りつめさせ、時に優しく包み込みました。切実に淡々と鋭く伝えられてきたこと、理解してもらえる人との出会いについての語りも深く印象に残りました。

講演の後の交流会では何人かが自分のことを語ってくれました。児玉さんの語りに、想定外だった自分の人生や子育てを重ね合わせ、我が子のために頑張ってきた自分自身を認めることができたという発言や、自分がやるしかなかったから、毎日進むしかなかったという発言がありました。一人ひとりそれぞれが、いろいろ乗り越えてきた大きな存在であると思いました。

会の終了後、数名で児玉さんを囲んでランチをご一緒することもできました。「障害者の親」それだけで、ずっと昔から知り合いだったかのような親近感のある時間はあっという間に過ぎました。住む場所は違うけれど、共通の悩みを分かち合うことのできる場が、私たちを支えてくれている、皆それぞれ充分頑張っていると改めて感じました。

私は自分が時々焦っているなと思います。一つの言葉で気分がよくなったり、落ち込んだりもします。でも、伝えた先に思い描いた生活があるなら「きっとうまくいく」と前を向けるように思います。

障害児の親となった時からの特別な体験を言葉にして、「自分に関係ない」他人事と思っている人にも関心を持ってもらうことができたなら……。社会が障害児者をケアするのが当たり前となる日を願い、これからも親子ともが穏やかで笑いあふれる生活を送れるよう、自分にできることを考えていきたいと思います。

（おきた・ともこ）一九六〇年生まれ。大学在学中に障害児のボランティア活動に参加し、家族ぐるみの付合いを経験したことが原点にある。一九八八年から二〇二〇年まで障害者支援施設にてフルタイムで就労支援、相談支援等に携わる。障害児の学童保育入所のための運動などに参加。長男（四十代）に先天性の病気のため重度の身体障害、知的障害がある。二〇二二年から福祉サービス、医療のサポートを受け、一人暮らしにチャレンジしている。

あとがき

本書は二〇二四年の年初から八月にかけて書いたものです。当初の見込みよりずいぶん時間がかかってしまいました。理由はいくつかありますが、まずは私自身の老い、でしょうか。これについては何を言っても、せんないことではあります。それから「コロナ禍」が私たち親にとっては今なお現在進行形であり続けていること。そのため第4部は、なかなか書く作業そのものと向き合う覚悟が決まらず、苦しみました。

新型コロナウイルスの感染症分類5類移行から少しずつ緩和されてきたのは事実ですが、武藤香織さんの懸念の通り、外出と面会の制限は今なお病院と施設では続けられています。このまま「続けられてしまう」ことへの危惧は、別の意味で、より深刻になっている気もします。

人手不足と職員の世代交代、制度的な締め付けなど現場が抱える切実な問題はもちろん、医療の文化や価値観の偏り、人権意識の希薄、世の中全般にうっすらと共有されてきた重い障害のある人への無関心、当事者と家族への想像力の欠如といった、より本質的な問題の諸々が、もはや解きほぐすことが困難なほど「面会制限」に絡みつき、便乗していきます。その結果、「感染対策」としての「外出と面会の制限」は、様々な問題を「しわ寄せ」させた「生活制限」と化しつつあるように思えてなりません。

私にとって悩ましいのは、そこに便乗させられているものこそが、重い障害のある子の親になって以来ずっと見据えてきた「本質的な問題」たちであり、ものを書き立ち向かおうとしてきた「大きな絵」だということ。同時に、その諸々によってこそ、私たち障害のある子をもつ親はそれぞれ生きる「小さな物語」の中で「ものを言うべきでない者」にされてきた、ということです。コロナ禍で起こっていることについて何ごとかを書こうとする時、私はこの二つの間のジレンマに苦しみ続けることになりました。「本質的な問題」や「構造的な問題」に向けて提起した「議論」が、専門職への不当な非難や専門職一般への恨みつらみと読まれ、「親の個人的な感情」レベルに貶められるリスクを意識せざるを得ないからです。

私自身も、「大きな絵」をめぐる思考と、目の前で起こることに日々揺さぶられる海の親としての感情との間で翻弄され続ける中で、つい未整理のまま言葉にしてしまった部分があるかもしれません。それが不用意な表現となって、どなたかを不快にしたり傷つけたりすることがあるなら、申し訳なく思います。特定の個人や職種を責めるつもりは、全くありません。そんなことのために書いたものでもありません。

「コロナ禍」について本当に書きたいこと、書くべきだと思うことをきちんと整理した的確な言葉で書き切ることができるのは、私たち親子にも「コロナ禍」が「終わった」と心の底から思える日なのでしょう。そんな日がいつか本当に来るものなら。

もう一つ、時間がかかってしまった背景として、昨年秋に上梓した『安楽死が合法の国で起こっていること』に対して、私にとっては「バッシング」としか感じられない反響が続いたことがありました。安楽死の問題をイデオロギー的な対立の構図で捉える人たちからの「反対派」のラベリング、それに基づく攻撃や誹謗中傷は、『コロナ禍で障害のある子を持つ親たちが体験していること』に対する専門職の反発の比ではなく、さすがに気持ちが不安定になった時期がありました。

けれど、刊行から日が経つにつれ、少しずつ分かってきました。ほとんどの読者は安楽死について確信的な全面肯定でも原理的な全面否定でもなく、むしろ知り考えようとしている人たちでした。「詳しくは知らないまま漠然と安楽死ができたらいいなと考えていたけど、そんなに単純な問題じゃないと分かった」という読み方をしてくれる人たちの存在に励まされているうちに、「知った」「気づいた」と言ってくれる人がいるなら書いてよかった、と思えるようになりました。

そんなある日、しばらく寄りつけないでいた読書メーターを久しぶりに開いたら、『コロナ禍で障害のある子を持つ親たちが体験していること』にも新しいコメントが入っていました。嬉しいコメントでした。

……読んでいると、支援者の身にもなってほしいとか、そこまで社会に求められても、という反発を感じた後、当事者にしかわからない不安があるものだなと気付き、人の気持ちになってみることの重要さを再確認できる。……

この人のように「反発」で終わらず「気付き」にしてくれる専門職もいることを信じているから、親たちはものを言い、思いを伝えようとする難行を、それぞれ我が子のそばで続けているのだろうと思います。

本書がその信頼を、障害のある人と家族に関わってくださる専門職の方々に届けてくれますように。そして、今日もどこかで、ものを言いにくい立場から気力を振り絞って口を開こうとしている誰かに、ささやかな勇気を贈ることができますように。

二〇二四年の秋に

児玉真美

◉本書のテキストデータを提供いたします

本書をご購入いただいた方のうち、視覚障害、肢体不自由などの理由で書字へのアクセスが困難な方に本書のテキストデータを提供いたします。希望される方は、以下の方法にしたがってお申し込みください。

◎データの提供形式：CD-R、メールによるファイル添付（メールアドレスをお知らせください）

◎データの提供形式・お名前・ご住所を明記した用紙、返信用封筒、下の引換券（コピー不可）および200円切手（メールによるファイル添付をご希望の場合不要）を同封のうえ弊社までお送りください。

●本書内容の複製は点訳・音訳データなど視覚障害の方のための利用に限り認めます。内容の改変や流用、転載、その他営利を目的とした利用はお断りします。

◎あて先：
〒160-0008
東京都新宿区四谷三栄町6-5 木原ビル303
生活書院編集部　テキストデータ係

キリトリ線

【引換券】

障害のある人の親が
ものを言うということ

著者紹介

児玉真美（こだま・まみ）

1956年生まれ。京都大学文学部卒。カンザス大学教育学部にてマスター取得。中学、高校、大学で英語を教えた後、現在、著述業。一般社団法人日本ケアラー連盟代表理事。長女に重症心身障害がある。

著書、訳書に、『私は私らしい障害児の親でいい』（ぶどう社、1998）、『アシュリー事件——メディカル・コントロールと新・優生思想の時代』（生活書院、2011）、『新版 海のいる風景——重症心身障害のある子どもの親であるということ』（生活書院、2012）、『生命倫理学と障害学の対話——障害者を排除しない生命倫理へ』（共訳、生活書院、2014）、『殺す親　殺させられる親——重い障害のある人の親の立場で考える尊厳死・意思決定・地域移行』（生活書院、2019）、『私たちはふつうに老いることができない——高齢化する障害者家族』（大月書店、2020）、『見捨てられる〈いのち〉を考える——京都ALS嘱託殺人と人工呼吸器トリアージから』（共著、晶文社、2021）、『増補新版 コロナ禍で障害のある子をもつ親たちが体験していること』（編著、生活書院、2023）、『安楽死が合法の国で起こっていること』（ちくま新書、2023）など。

障害のある人の親がものを言うということ

医療と福祉・コロナ禍・親亡き後

発　行――――　2024年12月10日　初版第一刷発行
著　者――――　児玉真美
発行者――――　髙橋　淳
発行所――――　株式会社　生活書院
〒160-0008
東京都新宿区四谷三栄町6-5 木原ビル303
TEL 03-3226-1203
FAX 03-3226-1204
振替 00170-0-649766
http://www.seikatsushoin.com
印刷・製本――　株式会社シナノ

ISBN 978-4-86500-178-5